LES

TABLES DE PROSCRIPTION

DE

LOUIS BONAPARTE ET DE SES COMPLICES.

LES
TABLES DE PROSCRIPTION

DE

LOUIS BONAPARTE

ET

DE SES COMPLICES,

PAR

PASCAL DUPRAT,

Ancien Représentant du Peuple.

Surge, carnifex!

TOME PREMIER.

𝕷𝖎𝖊́𝖌𝖊,

Chez REDOUTÉ, Imprimeur-libraire, rue du Dragon-d'Or, 7.

1852.

A

MES

COMPAGNONS D'EXIL.

———

C'est vous qui avez fait ce livre. Je l'ai puisé dans vos entretiens, dans vos lettres, dans le récit pathétique de vos malheurs et de vos souffrances : il vous appartient comme une partie de vous-mêmes.

Témoin d'un passé plein de fraudes et de crimes, qu'il soit le précurseur d'un avenir de justice !

Le droit, pris dans un piège, a pu être vaincu. Mais qu'importe ? Le droit vit toujours. Un César de carre-four ou de caserne, escorté de ses prétoriens, a beau le bannir de la patrie : le monde tout entier lui sert d'asile. La tyrannie demain le chasserait du monde, qu'il trou-

1

verait un dernier refuge dans la conscience humaine, cette inexpugnable forteresse, pour en sortir un jour avec une irrésistible puissance.

PASCAL DUPRAT,

*Ancien membre de la Constituante
et de la Législative.*

Bruxelles, le 1ᵉʳ septembre 1852.

PRÉFACE.

—————

Une débauche militaire, comme celles qui déshonorèrent l'antique Rome, a livré tout-à-coup la France aux caprices d'un aventurier. Ce gouvernement, volé pendant la nuit, n'a pu se maintenir jusqu'à ce jour que par le mensonge et la violence.

Depuis plus de huit mois, les défenseurs du droit sont

poursuivis, traqués, emprisonnés et proscrits par l'usurpateur odieux et ridicule qui prétend s'enrichir des dépouilles de la République. Jamais dans ses plus mauvais jours, la patrie n'avait été frappée de tant de coups à la fois. Toutes les prisons ont regorgé de victimes. Les citoyens les plus honnêtes, les plus dévoués au bien public ont été brusquement arrachés à leurs familles et jetés dans des cachots. On a vu les voitures cellulaires, ces prisons mobiles des forçats, promener à travers la France des représentants du peuple, des magistrats, des écrivains soupçonnés de républicanisme.

Et pendant que la patrie était ainsi dépeuplée au profit de cette dictature, fruit d'un crime nocturne, une seule voix se faisait entendre. C'était celle de l'usurpateur et de ses complices. Les journaux étaient suspendus ou supprimés ; les chaires se taisaient : plus de tribune, plus d'orateurs ; plus de livres. Un silence pareil à celui des Plombs de Venise enveloppait la France toute entière. La République était devenue une vaste caserne, où l'on n'entendait plus que les rires et les cris des nouveaux prétoriens. Qui donc aurait parlé au milieu de ce camp rempli de soldats ivres ? Le soupçon veillait partout : la délation écoutait à toutes les portes. C'était comme dans ces mauvais jours de l'empire qui avaient attristé l'âme généreuse de Tacite : —

Adempto per inquisitiones et loquendi audiendique com-
mercio. (1).

La proscription, dans ce silence universel, a pu frapper
sans bruit et sans éclat tous les noms, tous les dévouements, toutes les idées qui offusquaient le nouveau pouvoir
ou menaçaient de troubler son triomphe. Des milliers de
citoyens ont été chassés clandestinement de leur patrie. On
a vu des frères éloignés l'un de l'autre se rencontrer en exil
et s'étonner mutuellement du coup qui les frappait. La
France mutilée dans les ténèbres n'a pu savoir encore quels
sont ceux de ses enfants qui ont été arrachés de ses entrailles.

Elle ne restera pas longtemps, Dieu merci! dans cette
ignorance, et quelle que soit la puissance de ses geôliers,
elle connaîtra bientôt l'histoire de toutes ces fureurs qui
ont souillé son territoire. Il faut qu'elle sache les noms
de toutes les victimes : elle doit aussi savoir les noms de
leurs bourreaux.

C'est une première vengeance que le droit réclame, en
attendant les réparations inévitables de l'avenir : elle sera
complète.

---

(1) Tacit. *Agricol. vit.* Cap. 2.

Rejeté, comme tant d'autres de mes concitoyens, du sein de la Patrie, mêlé à leurs douleurs et à leurs souffrances, je devrai du moins à l'exil de pouvoir dresser toutes ces listes de proscripteurs et de proscrits. Je reprends ainsi en dehors de la France l'inviolable mandat de Représentant du Peuple, que les soldats du tyran ont pu déchirer dans mes mains, mais qui n'a pu être détruit à coups de bayonnette.

Hôte de la Belgique, j'ai pu à l'ombre de son drapeau, interroger à loisir les victimes de cette terreur bonapartiste. L'ancienne patrie d'Artevelde était la première étape de ces exilés, condamnés à se disperser bientôt dans les autres parties de l'Europe. Ils y arrivaient pleins de la Patrie et de ses angoisses : ils portaient encore les cicatrices de la tyrannie; leurs blessures saignaient encore. Ils échappaient, pour la plupart, à une longue captivité; mais comme ils venaient de franchir la frontière et qu'aucune impression étrangère n'avaient eu le temps de les saisir, ils emportaient, pour ainsi dire, leur prison avec eux. Ils ne pouvaient pas avoir oublié les noms de leurs geôliers : ils avaient encore sous les yeux ces prétendus juges qui les avaient frappés au nom du dictateur, et comme il faut toute sorte de valets à la tyrannie, ils pouvaient citer jusqu'aux agents subalternes qui avaient servi les fureurs de Louis Bonaparte et de ses complices.

J'ai recueilli tous ces détails de leur bouche. L'entretien a duré des jours, des semaines et des mois. Il a été souvent interrompu et souvent repris. Que de fois il s'est renouvelé après s'être épuisé, tant les choses de la Patrie nous attiraient et comme si le sentiment d'un devoir civique nous eût poussés les uns et les autres à préparer, du fond de notre exil[1], ce réquisitoire vivant contre la tyrannie!

Ces récits ne m'ont pas suffi. Je ne me suis pas contenté d'entendre tous ces exilés que la tempête jetait sur ma route. J'ai voulu consulter ceux que l'orage avait poussés vers d'autres frontières. De là un grand nombre de lettres de nos amis répandus en Espagne, en Suisse, en Allemagne, en Angleterre et dans les deux Amériques.

Enfin j'ai puisé à une autre source. Le despotisme a beau peser sur ceux qui l'environnent, il n'étouffe pas autour de lui tous les sentiments généreux. Plus d'un fonctionnaire du nouveau pouvoir n'a pu assister sans indignation aux scènes hideuses dont il était condamné à être le témoin. L'humanité a été plus puissante que le double sentiment de la discipline et de l'intérêt : le cœur a parlé. Ces généreuses indiscrétions, qui honorent et relèvent l'âme humaine, m'ont révélé quelques-unes de ces violences qui cherchaient à s'envelopper de ténèbres.

Malgré ces recherches, je le sais, le tableau ne sera pas complet. Et comment pourrait-il l'être? Tant de coups ont été frappés! Il y a eu tant de passions, tant de haines et tant de vices ligués contre le droit!

C'est aux républicains qui liront ces pages à me fournir les moyens de les compléter. Nous instruisons le procès du plus lâche despotisme qui ait jamais pesé sur un peuple : hâtons-nous d'en recueillir les pièces à travers nos douleurs et nos blessures. Nous le devons à l'humanité, nous le devons à notre cause, nous le devons à cette justice providentielle qui suit de près les grands attentats, et qui se charge de rétablir l'équilibre dans le monde moral, lorsqu'il a été troublé par quelque entreprise sacrilége.

En attendant, voici un premier tableau des violences et des proscriptions qui viennent de décimer la République. Tous les noms des victimes n'y figurent pas sans doute; il en manque même un grand nombre, tant il est difficile de lever le voile qui couvre toutes ces infâmies! Mais l'Europe pourra toujours juger de l'étendue du crime.

Qu'ils se montrent avec orgueil, ces défenseurs tombés de la loi, ces nobles martyrs de la cause populaire! Ils ont pu être vaincus ou trahis. Un gouvernement inique et violent a pu les condamner à l'ostracisme. Ils n'en représentent pas moins le droit national dans sa grandeur et sa majesté. On leur a volé la Patrie physique, mais ils ont emporté dans l'exil la Patrie morale, c'est-à-dire le cœur même de la France.

Avec les proscrits doivent figurer les proscripteurs. Comment nommer les victimes sans citer les bourreaux? Il faut que chacun ait sa place et son rang dans ce recensement lugubre des proscriptions bonapartistes.

Levez-vous, apparaissez, licteurs du nouveau César. Que chacun de vous se montre avec ses œuvres. Vous n'avez pas tous joué le même rôle. Les uns ont rempli leur office dans le palais du maître ou dans son camp, sous les yeux de Rome asservie. Les autres, plus humbles ou plus obscurs, ont fait leur besogne au fond des provinces. Quelques-uns n'ont été que les instruments de ces proconsuls déchaînés sur toute la surface de l'Empire.

N'importe! vous êtes dignes les uns et les autres de figurer sur la même scène. Une place vous appartient à tous dans ce livre. Il ne faut pas que l'obscurité de la position en dérobe quelques-uns aux regards du public. Bourreau ou valet du bourreau, on mérite également d'être vu.

Montrez-vous donc, grands et petits serviteurs de ce lâche *Imperator*, qui n'a jamais su triompher que de la loi : montrez-vous à côté des citoyens que vous avez eu le courage de proscrire au nom de votre maître. C'est là votre place et je veux que vous la gardiez : je veux que vous soyez tous à votre poste. Je nommerai, si je le puis, jusqu'au dernier goujat de cet ignoble Vitellius, qui ravage et désole l'Empire, pour couvrir fastueusement ses vices de la pourpre sanglante des Césars !

LES
TABLES DE PROSCRIPTION

DE

LOUIS BONAPARTE

ET

DE SES COMPLICES.

———

LIVRE Ier.

Louis Bonaparte et ses principaux Séides.

I.

« J'irai aux Tuileries ou à Vincennes, » disait Louis Bonaparte à Bacciochi quelques jours après son avénement à la Présidence de la République. Ce mot, glissé dans l'oreille d'un complice, renfermait le coup d'État, les meurtres, les proscriptions et tous ces autres crimes qui devaient inaugurer un jour la dictature de l'ancien prisonnier de Ham.

Il y a des noms qui conspirent d'eux mêmes. Malheur aux peuples sur lesquels tombent ces noms chargés d'orages! Rien ne résiste à leur secousse. Ils ébranlent, ils renversent, ils détruisent les lois, les institutions et les gouvernements.

L'Élu du 10 décembre avait un de ces noms fatalement tournés contre les libertés publiques. Mais il était lui-même plus factieux que son nom. Le peuple, en le plaçant à la tête de la République, avait cru fonder une magistrature. C'était une conspiration qu'il portait au pouvoir. Le mandataire du suffrage universel, trompant la foi populaire, entrait en ennemi dans cette République, qui lui confiait aveuglement sa fortune.

Secondé par les royalistes qui avaient envahi l'Assemblée législative, Louis Bonaparte a commencé dès le premier jour à faire le siége de la Révolution. La plupart des conquêtes de Février sont tombées successivement sous les coups de la loi, transformée en instrument de guerre civile. Au milieu de ces ruines qui s'amoncelaient chaque jour, il ne restait guère debout que la tribune, cette dernière forteresse de la liberté. Mais la tribune elle-même était déjà battue en brèche par les amis du gouvernement. Louis-Bonaparte ne s'était pas contenté de la livrer à tous les outrages, à toutes les insultes, comme une borne de grand chemin. Il avait trouvé un autre moyen de la déshonorer. Il en avait fait, dans les derniers temps, une sorte de tréteau sur lequel il s'amusait à jeter les ministres les plus étranges qu'on eut jamais exposés sous les yeux d'une assemblée politique.

Il y tel Dieu qui suffirait pour déshonorer le plus beau temple du monde. Que pouvait devenir la tribune, usurpée comme elle l'était, par les Thorigny, les Royer et les Daviel?

Louis Bonaparte s'était rendu maître des institutions. Il lui restait à se rendre maître des hommes. Il n'avait pas la présomption de les éblouir. Ce singulier plagiaire de l'Empire ne comptait dans ses états de service que deux misérables équipées, dignes tout au plus d'un caporal en goguette. Il n'était vis-à-vis de la gloire qu'une espèce de roturier, un conscrit malheureux. La gloire lui manquant, il avait eu recours à la corruption, cette monnaie des lâches. Mais la corruption elle-même était épuisée. L'argent, les places, les honneurs, tous les dons du pouvoir avaient été prodigués pour enrôler les faibles. Que faire avec les autres? Il n'y avait plus qu'un moyen à mettre en jeu, la violence : le moyen est adopté.

Comment Louis Bonaparte aurait-il reculé devant cet emploi sauvage de la force? Il avait suivi trop bien jusque là les préceptes de Machiavel, son maître. Le prince, dit Machiavel, doit avoir de la bête autant que de l'homme : renard aujourd'hui, lion demain, homme un autre jour, voilà son rôle (1).

Le moment du lion était venu pour Louis Bonaparte. Il n'a pas hésité, mais il s'est trompé de figure. Le lion n'a pas paru. Nous n'avons eu que du tigre et du chacal. N'importe : c'est toujours la force, c'est toujours la bête, comme le voulait Machiavel.

On a vu plus d'une fois des conspirateurs audacieux

---

(1) Ad un principe è necessario saper bene usare la bestia e l'uomo... Debbe di quella pigliare la golpe e il leone. MACHIAVEL. *Libro del Principe*, Cap. XVIII.

marcher hardiment vers leur but : Catilina est de tous les
temps et de tous les pays. Mais il y a des conspirateurs
maniaques et sournois, qui forment comme une classe à
part dans cette orageuse famille de factieux. Ce qui carac-
térise ces esprits sans cesse tournés vers les complots dont ils
font leur pâture, c'est une morne obstination que rien ne
secoue. Ils savent attendre, parce qu'ils sont lents de leur
naturel; mais ils veulent absolument arriver, parce qu'ils
sont enchaînés, pour ainsi dire, à leurs projets et quand
ils croient le moment favorable pour se porter en avant,
ils embrassent avec une ardeur concentrée tous les moyens
de succès. Aucun crime, aucun attentat ne les gêne : ils
courent à toutes les extrémités. Un peuple se trouve sur
leur passage? Ils marchent sur le ventre de ce peuple.
Rien n'arrête cette sombre énergie, qui a couvé longtemps au fond de l'âme, comme la lave impure dans les
entrailles du volcan.

Louis Bonaparte est un de ces conspirateurs taciturnes.
Il a, si l'on veut, la ruse vulgaire de l'Italien du midi, mais
a surtout le flegme de certains peuples du nord. Né d'un
adultère (1) et déjà aventurier en naissant, il semble avoir
emprunté au sang Hollandais qui coule dans ses veines

---

(1) C'est aux relations de la reine Hortense avec l'amiral Verhuell que
Louis Bonaparte doit le jour. On savait déjà du temps de l'Empire
comment le roi de Hollande avait des fils. Une chanson de cette époque
qui accusait de contrebande le frère de l'Empereur finissait par ce
refrain:

« La Reine fait de *faux Louis.* »

Les Bonapartes n'ont pas oublié cette chanson. Ils s'en souvenaient

la froide résolution et la patience obstinée du batave. Malheureux dans sa double tentave contre la monarchie de Louis Philippe, il s'était replié quelque temps sur lui-même pour recueillir de nouvelles forces et préparer d'autres complots. Il songea un jour à disputer au roi Othon, son parent, le sceptre fragile de la Grèce (1). Plus tard, il noua des intrigues dans l'Amérique du Sud pour se placer à la tête d'une de ces petites Républiques qui oscillent dans d'éternels orages. Son ambition, inquiète et tourmentée, le rapprochait à travers les mers de cet autre monomane, qui devait en même temps que lui, donner à sa manière une parodie de l'Empire. Les deux Soulouques, les deux singes du despotisme impérial, menaçaient de se donner la main en face de la liberté américaine.

Un esprit étroit, un caractère superstitieux, une foi aveugle dans le nom retentissant qu'il avait dérobé aux Bonaparte, ne contribuaient que trop à le renfermer dans ses desseins. Son séjour au fort de Ham, en le plongeant

---

surtout avant le 2 décembre et ils ne dédaignaient pas de la chanter à leur manière. « Il n'est pas mon cousin, disait assez souvent le fils de l'ex-roi Jérôme, en parlant du Président de la République ; il est étranger à notre famille ; c'est un Hollandais. » Quand la veuve de Lucien, qui vit retirée en Italie, écrivait à son fils, Pierre Bonaparte, elle ne parlait jamais de l'ancien prisonnier de Ham, qu'en l'appelant *le faux nom*. Ce titre avait pris dans la famille. C'était un euphémisme à l'usage des femmes. Les hommes se servaient du mot propre. Celui qui écrit ces lignes l'a plus d'une fois entendu de ses oreilles. Vous devez-vous en souvenir, M. Napoléon Bonaparte ?

(1) Un ambassadeur de Louis-Philippe, l'ex-représentant Piscatory, a eu entre les mains tous les secrets de cette intrigue.

dans la solitude, l'avait rejeté de plus en plus sur ses pensées. Les excitations d'une vie désordonnée, qui l'ont suivi partout et qui le déroberont à la justice nationale, si elle ne se hâte pas de le frapper, ne l'enlevaient de temps en temps à lui-même que pour l'asservir davantage à l'idée impérieuse qui gouvernait son esprit. Car telle est l'influence de la débauche sur les hommes de cette trempe : elle les fatigue et les affaiblit ; mais c'est pour les livrer plus complètement à la passion qui maîtrise leur âme. Leur œil est terne et sans regard, leur figure pâle et livide : ils marchent, tête baissée, dans leurs projets ténébreux. On dirait qu'ils ont perdu la liberté de leurs mouvements et qu'ils sont les esclaves du crime que leur coupable imagination a longtemps poursuivi dans l'ombre.

Tel est Louis Bonaparte. C'est avec ce tempérament et ce caractère qu'il a marché vers le coup d'État.

II.

Il fallait des séides au futur dictateur dans cette guerre impie contre la République.

Depuis son avénement à la Présidence, Louis Bonaparte avait travaillé sans relâche à grouper autour de lui tous les hommes qui pouvaient lui servir d'instrument. C'est ce qui explique ses changements de ministères. Il tâtait lâchement les consciences dans cette épreuve solennelle du pouvoir et semblait les dresser pour le crime auquel il voulait les associer.

C'est parmi ces hommes, façonnés à ses desseins, qu'il a recruté le premier ministère de sa dictature.

Ramassés par Louis Bonaparte dans les bas-fonds de la politique, ces hommes d'État de la trahison et du parjure ont figuré à divers titres dans le drame du 2 Décembre, ou dans les scènes sanglantes qui l'ont suivi. Les uns y ont joué le premier rôle ; les autres s'y sont montrés avec moins d'éclat ; mais ils y occupaient aussi une place et le lendemain du succès, pendant que la patrie se débattait encore sous le coup de cette surprise, cherchant à s'envelopper dans les lambeaux de la loi, ce noble et saint drapeau des peuples civilisés, ils ont formé tous ensemble, un tribunal de colère et de haine, qui a tristement inauguré dans l'ombre une ère de proscriptions.

Celui qui mérite d'être signalé le plus dans ce groupe, c'est le ministre de l'intérieur, Morny.

La première place lui appartenait de droit dans le guet-à-pens préparé par Louis Bonaparte. C'était aussi le fils adultérin de la reine Hortense (1). Sorti d'une aventure comme le président de la République, il semblait avoir été destiné, comme lui, à tous les jeux du hasard. La carrière militaire l'avait tenté, mais il

---

(1) L'amiral Verhuell prend ici le nom de Flahault. Morny a un avantage sur son frère. C'est un bâtard français.

n'avait fait que paraître dans notre armée d'Afrique.
C'était assez de gloire pour ce qu'il y avait de sang
généreux dans ses veines. L'Achille s'était hâté de déposer
le casque et il n'avait guère figuré depuis ce moment
que dans les maisons de jeu et sur les hippodromes.

Il aspirait au rôle de Don Juan, cet autre bâtard. Il
était lancé, comme lui, à la poursuite des plaisirs, mais
il ne payait jamais le prix de la course. Le roman-
cier Crébillon aurait fait sans peine l'un de ses héros de
ce libertin vulgaire, échappé d'une alcôve royale.

Sa corruption, changeant de théâtre, le poussa un
jour vers la vie politique. Il siégea dans la dernière
assemblée de la monarchie. Ce fut lui qui dans un débat
célèbre proposa à ce parlement avili de se déclarer satisfait
au sujet d'un outrage qui avait humilié notre pavillon.

La révolution de Février l'avait rejeté de la scène politique ; mais l'avénement de Louis Bonaparte n'a pas
tardé à l'y rappeler. Étrangers l'un à l'autre jusqu'à cette
époque, les deux frères se sont rapprochés. Les liens
du sang, naguère si faibles, ont retrouvé tout-à-coup leur
force et leur empire : les deux fils de la galante reine
de Hollande ont uni leurs fortunes et Morny a été désigné
naturellement comme premier ministre du dictateur.

Il est entré dans le coup d'État en gentilhomme blasé,
avec un certain mépris des hommes et des choses, peu
respectueux des autres et poussant le scepticisme jusqu'à se dédaigner lui-même. C'était pour lui comme
une nouvelle course au clocher. Mais le cirque venai
de s'agrandir sous ses pas et d'embrasser l'horizon de la

France : il ne s'agissait plus de franchir des haies et des rivières, mais des obstacles vivants, des hommes, un peuple en un mot ; et le prix de la course, c'était le gouvernement avec tous ses avantages, le pouvoir, les honneurs, l'argent, l'argent surtout, si nécessaire à une vie de luxe et de plaisir (1).

Aussi comme il s'est jeté résolument dans la mêlée ! « Nous jouons notre tête, disait-il dans les premiers jours, et il ne faut pas la perdre. »

On l'interrogeait sur le sort des représentants du peuple qui avaient été arrêtés. « Il ne leur sera fait aucun mal, répondait-il. Je les ferais tous fusiller, si le succès du coup d'État rendait leur mort nécessaire ; mais je crois que nous n'aurons pas besoin de les frapper. »

Bientôt après il ajoutait avec le même cynisme : « Nous déporterons en Afrique vingt mille républicains. »

Une influence secrète le poussait dans cette voie de violences. Le matin même du coup d'État, la Fulvie associée à sa fortune lui écrivait une lettre qui contenait ces mots : « Surtout pas de demi-mesures ! » Ne fallait-il pas dérober à des créanciers exigeants cet hôtel des Champs-Élysées où les deux amants étalent aux yeux de la France leur fastueux adultère ?

---

(1) « Il y a pourtant un honnête homme parmi ces bandits, » disait dans un cercle un de nos académiciens les plus spirituels en parlant des héros du 2 décembre. — « Un honnête homme ? et lequel ? » — Morny ! Il a fait le coup d'État pour payer ses dettes. »

A côté de Morny se place St-Arnaud, ministre de la guerre, plus connu autrefois sous le nom de Leroy. Sa carrière a été semée de toute sorte d'accidents.

On le vit essayer un jour du rôle d'acteur. Mais il n'attendit pas ce moment pour reproduire avec succès les valets fripons de notre vieille comédie. Il avait été chassé de la garde royale à la suite d'un larcin. On l'accusait d'avoir dérobé un gland d'or aux Tuileries.

La Révolution de juillet lui rouvrit la carrière militaire. Nous le rencontrons à cette époque dans la citadelle de Blaye, avec le général Bugeaud, épiant sous les verroux le déshonneur d'une princesse qu'un ignoble calcul livrai aux risées de l'Europe.

Quelque temps après, il apparaît en Algérie, mais c'est pour y jouer le rôle de ces anciens proconsuls qui déshonorèrent la domination romaine. Ses vices levaient un double tribut sur les soldats et sur les colons. Il prêtait aux uns l'argent des autres et forçait ainsi l'usure à payer se plaisirs. Le général Rulhière, chargé d'inspecter nos régiments d'Afrique, découvrit un jour ce commerce honteux; mais il eut la faiblesse de garder le silence (1).

Violent, ambitieux, en proie à tous les désirs et à tous

---

(1) Quelques jours après le coup d'Etat, l'officier prévaricateur devenu ministre mettait à la retraite son ancien inspecteur qui lui a répondu par la lettre suivante :

»En 1835, le général Rulhière a refusé de briser l'épée du capitaine St.-Arnaud, ne voulant pas le déshonorer. En 1851, le ministre de la guerre St -Arnaud, ne pouvant déshonorer le général Rulhière, a brisé son épée. »

les besoins, St-Arnaud devait bientôt fixer les regards de Louis Bonaparte, qui crut trouver en lui l'un de ses instruments les plus utiles. On dit qu'il a du être acheté pour une somme considérable au moment décisif. C'est se méprendre sur son caractère. Les hommes de cette trempe ne s'achètent pas une fois : ils s'achètent tous les jours et à chaque instant.

Il s'était préparé convenablement dans les coupes-gorges de la Kabylie à exécuter le coup d'Etat. C'est lui qui de concert avec le général Magnan, commandant de l'armée de Paris, a organisé les massacres qui pendant plusieurs jours ont ensanglanté la capitale.

On lui doit cette proclamation où le mensonge sert de prélude à toutes les débauches de la force :

« Habitants de Paris, les ennemis de l'ordre et de la société ont engagé la lutte ; ce n'est pas contre le gouvernement qu'ils combattent, mais ils veulent le pillage et la destruction.

» Que les bons citoyens s'unissent au nom des familles menacées. »

Cette proclamation se terminait par l'ordre du jour suivant :

« Tout individu, pris construisant ou défendant une barricade, sera passé par les armes. »

Il ajoutait, quelques jours après, dans une circulaire adressée aux généraux des départements :

« Tout ce qui résiste doit être fusillé, au nom de la société en légitime défense. »

Voilà le sort que le général Saint-Arnaud réservait aux

défenseurs de la Constitution. Il avait promis d'engager
l'armée dans l'entreprise criminelle de Louis Bonaparte.
Il fallait du sang : de là ce langage barbare; de là les
meurtres imposés aux soldats, non-seulement en face
des barricades, mais encore dans les rues les plus paisibles et au milieu des boulevards, loin de tout appareil
de résistance. Il y a des noms qui tombent avec fracas
dans le tumulte des discordes civiles, et n'en sortent,
après la lutte, qu'avec une tache indélébile de sang; c'est
comme la rouille qui s'attache au fer et le ronge. Tel
est le nom du général Saint-Arnaud.

La justice vient avec le sabre dans ce ministère de
proscripteurs, ou plutôt c'est le sabre lui-même; mais
le sabre doué de la parole. Après Saint-Arnaud appa-
rait Rouher, le garde des sceaux du dictateur.

C'est une assez triste figure dans cette tragédie que
celle de ce clerc auvergnat. Mais son absence aurait
été remarquée. Nos sociétés civilisées règlent tout,
même leurs fureurs ; et lorsque la hache ou la guillotine fait tomber des têtes, il faut qu'il y ait dans un
coin quelque greffier, précurseur du bourreau, pour
écrire et réciter un grimoire, qui est le commence-
ment du supplice. Ainsi le veut notre civilisation dans
son amour de l'ordre et de la discipline. Rouher a donc
été le greffier des fureurs du 2 Décembre. Il paraissait hésiter le premier jour devant la responsabilité de
ce rôle.

« Je ne veux, disait-il, entrer dans le ministère,
qu'autant que les représentants du peuple recouvre-

ront la liberté. » Singulier scrupule de légiste avant de
se précipiter dans la proscription !

Comment Rouher eut-il refusé son concours à Louis
Bonaparte ? Il avait tant fait pour conquérir sa faveur !
On peut dire qu'il y avait épuisé la patience et l'obstination propres à sa race. Il devait s'associer avec bonheur à cette dictature sanglante qui lui tendait la main.

Heureux d'être l'interprète de ses arrêts , il ouvrait
ou fermait à son gré la porte des prisons. Et comme
il remplissait délicatement les fonctions qui lui étaient
confiées !

Le gouvernement ignorait quels étaient les représentants qui avaient été conduits à Mazas ou dans les
forts : il veut les connaître Le garde des sceaux envoie
un commissaire de police pour prendre leurs noms et
comme ce messager échoue dans une première visite ,
il lui adjoint un huissier de l'assemblée nationale ,
qui est chargé de désigner les victimes. Le lendemain,
il donne ordre de mettre en liberté tous ceux qui se rattachaient par quelque lien aux partis monarchiques.

« Vous garderez les rouges, ajoute-t-il avec solennité :
ils nous répondent du peuple et de ses mouvements. »
Il parquait ainsi pour la proscription ces inviolables mandataires de la souveraineté nationale.

Il avait un collègue digne de lui dans le ministre de
l'instruction publique, Fortoul. Plus exercé dans l'intrigue
que dans les lettres, ce futur héritier de Fontanes a passé par
toutes les phases avant de devenir le chef de l'Université.

Jeune encore, il voulut se produire dans le journalisme,

mais il ne sut pas aborder le domaine des questions politiques. On vit traîner sa prose au bas d'un journal, dans un roman plus que libre où l'inceste étalait ses joies criminelles et pour donner plus d'autorité à ces pages licencieuses, il n'avait pas craint d'accoler à son nom celui de Manuel, son parent (1).

Bientôt il apparaît comme défenseur des accusés d'Avril devant la Cour des Pairs. C'est un républicain ardent et fougueux, qui célèbre, devant ses amis, les vertus du régicide Alibaud, dont il fait une sorte de Christ. Il quête à cette époque les amitiés illustres et les influences puissantes.

Mais la République, battue dans ses duels contre la royauté, tarde trop à se produire. L'impétueux démocrate se calme et se refroidit. Il aspire à une chaire élevée dans l'enseignement. Littérateur sans littérature, il entre dans l'Université sous les auspices d'Edgar Quinet, qui devait le compter au nombre de ses proscripteurs.

La monarchie s'écroule et le rénégat de la veille invoque les souvenirs de sa vie révolutionnaire pour s'introduire dans l'assemblée constituante. Candidat l'année suivante, à l'assemblée législative, mais candidat malheureux, il y vole son siége à son concurrent, qui déplaît à la majorité. Enchaîné dès le premier jour à la politique de Louis Bonaparte, il semble flairer de loin la dictature qui se

---

(1) Ce roman a été publié dans le journal le *Voleur*. Etait-ce un symbole ? Il était signé *Hyppolite Fortoul Manuel.*

prépare. Sa servilité lui vaut une place dans le dernier
ministère qui ait paru devant le parlement, et c'est sur un
ordre signé de sa main que, dans la matinée du coup
d'État, quelques représentants sont chassés de la salle des
séances. Il appartenait à cet intrus de commettre un
pareil outrage contre la majesté de la représentation
nationale.

Son orgueil, longtemps contenu, avait une vengeance à
exercer contre le parlement. Il n'était monté une fois à
la tribune que pour en tomber avec éclat. Il y a des cavaliers qui se vengent lâchement sur leur monture de leur
propre maladresse. Le ministre de l'instruction publique
ressemble à ces mauvais cavaliers. La tribune l'avait jeté à
terre. Il a saisi la première occasion de l'abattre.

Fortoul est un de ces hommes chassieux dont les Grecs
voulaient qu'on se défiât.

Même hypocrisie et même bassesse dans le ministre
Ducos. Transfuge du libéralisme, il s'est hâté de mettre
au service de Louis Bonaparte un nom illustré par les
luttes et les malheurs de la *Gironde*.

Au moment du coup d'Etat, il habitait Auteuil où il
cachait l'une des trois femmes qui devaient se disputer
son nom et sa main.

Il apprend la nouvelle de l'attentat dans une voiture
publique qui le transportait à Paris.

« Quel malheur, s'écrie-t-il, au milieu de l'émotion
générale, voilà donc la guerre civile qui va ensanglanter
la France ! ah ! je l'avais bien prévu. »

Le lendemain, il devenait ministre et s'associait sans

pudeur à cette guerre civile qu'il avait maudite en public. C'était lui qui préparait pour les défenseurs de la Constitution la *guillotine sèche de Cayenne* (1). Il jetait insolemment la nourriture avariée des forçats à des hommes politiques dont quelques-uns avaient été ses collègues et il ne rougissait pas de les faire enlever de l'hôpital pour les livrer mourants à l'exil.

Le ministre des finances, Fould, n'a eu besoin de trahir aucune idée libérale, parce qu'il n'en a jamais servi aucune. Seulement, lorsque le mouvement prétorien commence, il affecte de se tenir à l'écart; il se montre à quelques représentants de la gauche et leur demande des nouvelles de l'ignoble tragédie qui se joue. Il n'a rien su, il ne sait rien, le brave homme.

Credat judæus Apella! (2).

La loi n'était pas encore égorgée, elle pouvait se redresser encore dans toute sa puissance pour foudroyer ses adversaires. La sagesse juive commandait d'attendre.

Mais voilà que le crime triomphe. Quel beau jour, quel moment heureux pour cet autre Samuel Bernard! Il pénètre, il siège dans les conseils de Louis Bonaparte. Il a la clé du trésor ; il préside aux opérations de la bourse. Que lui font les proscriptions ? Il donnera tou-

---

(1) Cette expression est de Tronson-Ducoudray, l'une des victimes du Directoire.

(2) HORAT. lib. 1. *sat.* 5.

tes les victimes que le bonapartisme va lui demander. Et
que sont après tous les hommes ? Il n'y a que les écus
qui méritent de compter.

Ancien ami du maréchal Bugeaud et partageant son
goût pour la force, Magne venait naturellement après
Fould, comme ministre des travaux publics. Ils étaient
dignes de s'entendre pour livrer au dictateur et à ses
amis la fortune de la France : professant le même dédain pour le droit et pour la morale politique, d'un
tempérament plutôt modéré que violent, ne reculant pas
toutefois devant la violence, quand l'intérêt l'exige, mais
l'enveloppant des formes les plus sereines.

Que dire de Turgot, ministre des affaires étrangères
et de Lefèvre-Duruflé, ministre du commerce et de l'agriculture ?

Le premier n'a pas craint de jeter sottement dans une
débauche de caserne, un nom justement consacré dans
les souvenirs philosophiques du 18ᵐᵉ siècle.

Le second, n'avait rien à compromettre que le repos
d'une vie obscure vouée à l'industrie : il l'a sacrifiée à
l'ambition.

Ils ont joué l'un et l'autre un rôle naïf et bouffon
dans l'orgie sanglante du coup d'État. Turgot, ce jour-
là, donnait paisiblement à dîner au corps diplomatique.
Où était Lefèvre-Duruflé ? Que faisait-il ? Peut-être son-
geait-il à son ancienne brochure sur *L'art de mettre sa
cravate* (1).

---

(1) C'est avec cette brochure que cet étrange complice de Louis Bona-

Nous avons ordinairement un niais dans nos drames modernes. Il y en a eu deux dans celui de Décembre.

III.

Autour de ces ministres hostiles à la République et prêts à tourner contre elle tout l'effort du pouvoir, il faut ranger quelques hauts fonctionnaires, partisans anciens et nouveaux de Louis Bonaparte.

Le premier qui apparaît dans ce groupe, c'est Magnan, général en chef de l'armée de Paris. A côté de lui se montrent Lawœstine et Vieyra, deux noms étrangers qu'une trahison n'introduira pas, sans doute, dans notre langue. Puis vient le préfet de police, Maupas, qui avait succédé naguère à Carlier et qui devait céder lui-même sa place à Piétri, pour s'élever un peu plus haut dans cette hiérarchie de factieux et de traîtres.

Magnan avait refusé, à une autre époque, de s'associer aux projets de Louis Bonaparte. Le bâtard de la reine Hortense essaya de l'acheter avant de tenter le coup de main de Boulogne.

---

parte s'est montré la première fois au public. Il l'avait signée d'un nom digne de l'œuvre : le Baron L'Empesé.

« Il est nécessaire, écrivait-il à l'un de ses complices, que vous voyiez le général. Vous savez que c'est
un homme d'exécution et sur qui on peut compter ;
vous savez aussi que c'est un homme que j'ai noté pour
être un jour maréchal de France. Vous lui offrirez cent
mille francs de ma part et vous lui demanderez chez
quel banquier ou chez quel notaire il veut que je lui
fasse compter trois cent mille francs dans le cas où il
perdrait son commandement. » (1)

Pourquoi Magnan refusa-t-il cette offre que lui ap-
portait le commandant Mésonan ? Il l'expliquait lui-même
quelque temps après devant la chambre des Pairs : « Je
remis, dit-il, cette lettre au commandant en lui disant
que c'était un *parti ridicule et perdu.* »

En attendant que ce parti perdu se fît d'autres destinées et pût lui offrir de meilleures chances, Magnan,
qui commandait dans le Nord, partageait avec des com-
pagnies d'assurances militaires les bénéfices d'un trafic
honteux. Il s'était mis bassement à la solde de quelques courtiers de chair humaine et il admettait à prix
d'argent leur marchandise ; il trafiquait déjà du sang
de la France. (2)

L'élection de Louis Bonaparte lui avait montré de plus

---

(1) Voir la lettre de Louis Bonaparte à Mésonan dans *Le procès de Boulogne.*

(2) Un avocat du Pas-de-Calais, ancien membre de la Constituante, Lenglet,
a eu, dit-on, entre les mains la preuve de cette odieuse spéculation.

beaux profits dans l'avenir. Il s'attacha, dès le premier jour à la fortune du président avec lequel il
n'avait guère cessé d'entretenir des relations secrètes. Quelque temps avant le coup d'État, le commandement de
l'armée de Paris passait dans ses mains.

Il a voulu présider lui-même aux massacres qui ont
ensanglanté, le troisième jour, les rues de la capitale.

« Laissez-moi faire, disait-il à St.-Arnaud, je vous
réponds de tout, » et St-Arnaud répondait : « je vous laisse
faire, parce que je vous connais. » Dialogue d'assassins.

Fier du rôle qu'il allait jouer, Magnan écrivait sur les
deux heures au préfet de police : « Vous allez entendre
le canon ; soyez tranquille, l'affaire sera vigoureuse-
ment menée... »

Lawœstine et Vieyra qui avaient promis aussi leur
complicité venaient d'être placés à la tête de la garde
nationale. Ils l'auraient conduite, s'ils l'avaient pu,
contre la République. Mais ils n'osaient pas compter
sur son concours, quoiqu'elle eût été préparée, comme
l'armée, à cette attaque sacrilége. Louis Bonaparte
craignait qu'elle n'accourût dans les rues au bruit
du tambour pour défendre le pacte national. « Colonel,
disait-il, la veille à Vieyra, c'est pour cette nuit ; pou-
vez-vous m'assurer qu'on ne battra pas le rappel? » Le
traître engageait sa parole. Il allait faire ce que font
ces bandits subalternes qui se chargent d'isoler les
victimes pour les faire périr à l'écart. Son maître lui
demandait de faire du silence et du vide autour de la
Constitution pendant que ses sbires l'égorgeraient, et il

promettait d'avance au crime la solitude dont il avait besoin.

Qui pouvait mieux que Vieyra remplir ce rôle infâme ? Deux années auparavant, il avait saccagé, à la tête d'une bande, quelques imprimeries qui avaient le tort de donner des ailes à la pensée républicaine. Son nom avait fait reculer le général Perrot, qui, pour éviter son voisinage, avait renoncé au commandement de la garde nationale. « Je me retire, dit le général au colonel Howyn, parce que je ne veux pas avoir un escroc pour chef d'état-major. » Les tribunaux expliquaient bientôt cette parole en constatant que Vieyra avait fait une vente frauduleuse (1).

Vieyra et Lawœstine devaient tenir dans l'isolement la garde nationale au moment de l'attentat. Maupas, au contraire, s'était engagé à jeter partout la main de la police.

Son prédécesseur, Carlier, lui avait frayé la voie. Quelques esprits se sont étonnés qu'il ait quitté la scène au moment du drame. Comment ne l'aurait-il pas fait ? Il avait bien secondé tous les projets de Louis Bonaparte, après avoir proposé autrefois de l'immoler aux craintes de la commission exécutive, et il ne pouvait guère rompre avec lui depuis que la loterie des lingots d'or l'exposait

---

(1) Ce jugement a été rendu le 10 juin par la Cour d'Appel de Paris. Les journaux ne l'ont pas donné, parce que le gouvernement en a interdit la publication. Silence pour silence ! Les bandits sont quelquefois reconnaissants. C'est un des arguments de Sénèque dans son *Traité des Bienfaits.*

à toutes les rigueurs de la cour d'Assises. (1) Mais il menait à la fois deux intrigues : il poussait dans l'ombre deux conspirations, l'une dans l'intérêt du président et l'autre au profit de l'orléanisme. L'heure du président était venue la première. Il aurait bien voulu se faire son instrument, mais il eût dû frapper en même temps quelques-uns de ses amis et sacrifier une moitié de sa fortune à l'autre moitié. Il a reculé devant cette résolution.

Maupas était plus libre et il n'avait pas moins d'audace. Il s'était recommandé à Louis Bonaparte par la violence qu'il avait déployée contre les Républicains dans les deux préfectures de l'Allier et de la Haute-Garonne. Il n'avait pas craint un jour de suborner des témoins et d'inventer des preuves pour envelopper dans un complot des citoyens dévoués à la République. Aucune extrémité ne devait coûter à son audace. Il avait plus d'élan que d'intelligence, plus d'activité que de conseil, ce qui convenait au rôle qui lui était destiné. Il ne se trompait pas sur la part qui lui revenait dans l'attentat. « Avec la force seule, écrivait-il dès le début, nous serons maîtres de la situation; du canon, du canon et du courage. » Il s'extasiait sur les *prodiges* de ses commissaires

---

(1) Le jour où l'auteur porta cette question de la loterie à la tribune, il avait entre les mains un billet dans lequel le préfet de police, écrivant à son secrétaire général, lui disait ces mots. « Vous verrez que nous allons être compromis. » Ce billet fut communiqué à quelques représentants de la gauche.

qui marchaient hardiment à la violation de tous les droits, de toutes les libertés. Le ministère de la police devait lui appartenir dans le nouveau gouvernement.

Piétri était prêt à le remplacer dans sa préfecture Ce complice de l'Élysée n'avait rien à envier aux autres. Il s'était présenté un jour à la réunion de la Montagne, où une partie de la gauche délibérait sur le vote qu'elle devait émettre au sujet de l'élection de Louis Bonaparte, nommé représentant à la Constituante : « Ne craignez pas de l'admettre, s'écrie Piétri ; il est républicain comme nous, il respectera la République. S'il osait jamais l'attaquer, je n'attendrais pas que la loi le frappât : je courrais le frapper moi-même ; je voudrais être son Brutus. » Ces mots étaient prononcés avec un accent qui était plus qu'une menace ; le geste de l'orateur ressemblait au frémissement d'un poignard qui s'agite. Qu'est devenu ce serment ? *Dormis, Brute!*

IV.

Derrière ces deux groupes de complices dont le nom doit rester lié à l'histoire du coup d'Etat et de ses crimes, apparaît un troisième groupe, moins éclatant, mais plus intime.

Ce sont les familiers, les amis, ceux qui traînent depuis plus de quinze ans dans les bagages de la conspiration bonapartiste. Les uns ont figuré à Strasbourg, les autres à Boulogne, certains partout.

5

Quelques-uns, comme Bacciochi, appartiennent à la maison du maitre. C'est la même chair et le même sang.

D'autres, tels que Mocquart, ont été mêlés aux vices de la famille et connaissent jusqu'aux secrets de ces nombreux adultères qui ont multiplié dans l'ombre la race des Beauharnais.

Il y en a, Vaudrey par exemple, que le souvenir d'anciens complots et la promesse de nouvelles aventures semblent attacher de plus près encore à Louis Bonaparte.

C'est parmi ces hommes, ligués dans l'ombre contre la République, que le coup d'Etat a été conçu. Il s'y est produit au milieu de toutes les passions et de tous les vices. Voilà pourquoi il devait ressembler à une grande orgie. Tous les dévouements bonapartistes ont été éprouvés dans ce conciliabule secret. Il y avait là une balance où la conscience des Baroche était pesée à huis-clos. On y recrutait des deux mains pour la luxure et pour l'Empire. Celui-ci amenait des maîtresses, des courtisanes, des filles perdues ; celui-là des représentants, des conseillers d'État ou quelque magistrat lâche et vénal comme Troplong. Louis Bonaparte y avait dit un jour : « Si nous faisions des généraux ? » et son aide-de-camp, Fleury, était allé en Afrique marchander les St.-Arnaud, les Canrobert et les autres capitaines du coup d'État.

Un homme dominait, dès le premier jour, sur cette arrière-scène du bonapartisme : c'est Fialin ou Persigny.

Sa vie, comme celle de tous les aventuriers, a des côtés voilés et obscurs. Il servait, comme sergent.

Il quitte, un jour, l'armée et il va joindre en Suisse
Louis Bonaparte, qui était déjà lancé dans les aventures. Il s'empare, en arrivant, de sa confiance. On
dit qu'il jouait un double rôle à côté du prétendant.
Le complice cachait un espion. Était-ce une trahison
domestique ? Était-ce une ruse pour mieux tromper l'ennemi ? Lui seul pourrait le dire. Il partagea dans ses
mauvais jours la fortune de Louis Bonaparte. Le lendemain de la Révolution de Février, il jette dans la foule
le nom du futur dictateur. Mais ce nom n'y réveille
aucun écho. Quelque temps après, il le pousse à l'Assemblée Constituante et à la Présidence. Le lendemain
du succès, il disait avec orgueil : « Je l'ai fait représ-
sentant malgré lui, président malgré lui ; je le ferai
malgré lui Empereur. » Arrogance de valet qui se loge
insolemment dans la peau du maître ! L'Assemblée législative
le compte au nombre de ses membres. Il n'y parle pas;
mais il y sème l'intrigue à pleines mains. Il sert de lien
entre l'Élysée et les partis monarchiques. Falloux lui donne
le bras, Montalembert lui sourit et de quel sourire !
Thiers lui jette deux mots en passant, Molé lui parle
dans un coin et il sort avec Changarnier qu'il épie. Les
Drouyn, les Rouher, les Baroche,

Obscenique canes, importunæque volucres, (1)

sentent autour de lui l'odeur de la corruption et se pré-

---

(1) VIRG. *Georg.* lib. I.

cipitent sur ses pas. Abattucci en est jaloux. « C'est un
fou, dit-il , à ses collégues; il perdra Louis Bonaparte. »

Séjan s'annonçait avant même l'avènement du César.
On lui parlait d'un ministère. « Je ne serai ministre
que sous l'empire » réplique-t-il. Un complice embarrassé , Casabianca , démentait devant lui les bruits du
coup d'Etat qui circulaient dans l'Assemblée. « Je veux
être pendu , disait Casabianca , si le coup d'Etat se
fait. — Et moi , s'il ne se fait pas » ajoute le favori du
Président.

A demi-caché dans l'ombre , Persigny complétait depuis longtemps Louis Bonaparte. Il s'est mêlé à toutes
les intrigues , à toutes les corruptions qui ont amené
le coup d'État. Les deux complices ont usé leur santé
et leur vie dans ces machinations ténébreuses, qui ont
eu toujours des orgies pour intermèdes , comme dans
le drame de Faust. Pendant que le dictateur se plaint
d'un ramollissement du cerveau , des symptômes d'épi-
lepsie se révèlent dans son confident et son ministre.

Voilà donc les héritiers de la République, voilà donc
tes maitres , peuple de Paris , peuple de France ! une
cohue de traitres achetés au poids de l'or, et, au milieu
de cette cohue , un aventurier, à l'œil éteint , dont la
colonne vertébrale fléchit , monté , dans une orgie ,
sur les épaules d'un épileptique !

LIVRE II.

Préparatifs et exécution du coup d'État.

———

I.

Prêt à frapper la République, pour entrer tout armé dans la dictature, Louis Bonaparte avait changé deux fois la date de son crime. Il n'hésitait pas devant ce grand attentat; il attendait un moment favorable. L'assassin essayait ses coups en épiant sa victime.

Il avait été sur le point d'agir dans la dernière quinzaine d'octobre. Il y renonça parce que les représentants du peuple étaient dispersés dans les départements et qu'ils auraient pu relever partout le drapeau de la Constitution. Un autre motif l'en détourna. Après avoir mutilé lui-même le suffrage universel avec les royalistes de l'Assemblée, il voulait en proposer le rétablissement pour tromper plus sûrement le peuple et ravir à ses mandataires ce qui pouvait leur rester d'influence.

« Attendons que l'Assemblée nous donne barre », avait dit Magnan.

Le mois de Novembre rapprocha un peu plus Louis Bonaparte de sa criminelle entreprise. On peut même dire qu'il y toucha. Les moins clairvoyants aperçurent la première étincelle de l'incendie qui s'allumait.

C'était le jour où l'Assemblée discutait cette proposition des questeurs qui avait pour but de mettre entre les mains du pouvoir législatif les forces militaires qu'il jugerait nécessaires à sa défense. Qu'allait-il sortir de ce débat? La proposition serait-elle adoptée ? Les républicains la repoussaient, parce qu'ils n'ignoraient pas que l'épée de l'Assemblée était destinée à Changarnier, cet ancien complice de Louis Bonaparte livré maintenant aux partis monarchiques , et qu'ils n'avaient pas à choisir entre Monck et Cromwell. Mais elle risquait de triompher sans leur concours.

Le président Dupin avait eu beau déclarer qu'il ne nommerait point de général: Louis Bonaparte n'était pas rassuré et le coup d'État se tenait aux aguets.

Il avait été convenu à l'Élysée que les troupes ne seraient pas mises à la disposition du corps législatif et les décrets qui devaient inaugurer la dictature de Louis Bonaparte n'attendaient que le moment de paraître. C'est pour cette circonstance qu'avaient été conçues certaines phrases qui étonnèrent depuis la conscience publique, parce que celui qui les avait écrites ne jugea pas à propos de les changer. Louis Bonaparte avait cru que la proposition des questeurs serait adoptée et il avait jeté les mots suivants dans son appel au peuple : « L'Assemblée, qui devait être le plus ferme appui de l'ordre est devenue un foyer de complots. Le patriotisme de trois cents de ses membres n'a pu arrêter ses fatales tendances. Au lieu de faire des lois dans l'intérêt général, elle forge des armes pour la guerre civile ; elle attente au pouvoir que je tiens directement du peuple (1) ».

C'était une réponse au vote dont il se croyait menacé. Le vote semblait si peu douteux aux bonapartistes que St-Arnaud quitta brusquement l'Assemblée pour courir à l'état-major et prendre les dispositions nécessaires. Il expédiait des ordres à tous les régiments de la capitale quand Magnan vint lui apprendre que la proposition avait échoué. « Je m'en serais bien passé, » répondit-il.

Ainsi l'orage était prêt ; mais il n'éclata pas, parce que la proposition des questeurs fut écartée et que le conspirateur de l'Élysée avait choisi une autre heure.

Un grand anniversaire approchait, celui de la vic-

---

(1) L'auteur eut connaissance de cette proclamation dans le cours même du débat, c'est-à-dire pendant la séance du 17 novembre. Un républicain du dehors, qui avait des relations avec l'Élysée, était venu l'avertir à la hâte. Il en parla lui-même à quelques-uns de ses collègues qui siégeaient à côté de lui.

toire d'Austerlitz. Le plagiaire maniaque de l'Empire a
résolu de s'en emparer. Ce fut un jour de gloire; ce sera
le jour de l'attentat. Louis Bonaparte est assez superstitieux pour croire qu'en choisissant cette date, il doit
avoir à son service la merveilleuse fortune de l'Empereur.
Il est assez immoral et assez pervers pour vouloir con-
fondre le souvenir du plus grand des crimes avec celui
d'une des plus belles victoires qui aient honoré notre drapeau.

Le monstre s'annonce : il commence par clouer sa
honte sur le front radieux de l'Empire.

II.

Les décrets qui doivent tuer les libertés publiques pour
remplacer les institutions par un homme se trouvent
prêts. Il ne s'agit que de les lancer : Louis Bonaparte en
a marqué lui-même le caractère impie en écrivant sur
la première page ce mot factieux : *Rubicon.*

Par le premier de ces décrets, le traître dissout l'Assemblée nationale et soumet au régime de l'État de
siége non seulement Paris et sa banlieue, mais encore
tous les départements compris dans la première division
militaire.

Par le second, il convoque le peuple pour en obtenir
la dictature.

Par le troisième, il appelle l'armée à lui voter immédiatement les pouvoirs illimités qu'il réclame sur les ruines des lois.

Le mot *plebiscite* sert d'ornement et de masque à ces décrets, comme s'il ne s'agissait que de l'expression libre et spontanée de la volonté populaire. Mais l'armée est poussée la première dans ces comices serviles. Elle entraînera le peuple, s'il le faut. On verra sortir le nouveau César du camp des Prétoriens. Les bras de ses soldats le porteront victorieusement au milieu de la foule, qui sera bien obligée de saluer son maître.

III.

C'était l'armée qui devait assurer le succès du crime. Louis Bonaparte ne néglige rien pour l'entraîner dans sa coupable entreprise. Il sème la calomnie dans ses rangs; il évoque devant elle des dangers imaginaires; il l'appelle hypocritement à défendre avec lui les lois qu'il foule aux pieds, la République dont il prépare la ruine, la souveraineté populaire qu'il assiége et qu'il emprisonne dans un cercle de baïonnettes.

« Soldats, leur dit-il dans son langage perfide, soyez fiers de votre mission. Vous sauverez la patrie; car je compte sur vous, non pour violer les lois, mais pour faire respecter la première loi du pays, la souveraineté nationale dont je suis le légitime représentant.

« Depuis long-temps vous souffriez comme moi des

obstacles qui s'opposaient au bien que je voulais faire
et aux démonstrations de vos sympathies en ma faveur ;
ces obstacles sont brisés.

« L'Assemblée a essayé d'attenter à l'autorité que je
tiens de la nation entière ; elle a cessé d'exister. » (1).

Ces mensonges grossiers pourraient échouer contre
le bon sens des soldats : il cherche à remuer leur âme
par les souvenirs de la guerre civile ; il leur rappelle
qu'ils ont été battus deux fois dans les rues de Paris
et que le moment est venu de venger cette double
défaite.

« En 1850, comme en 1848, on vous a traités en
vaincus. On a dédaigné de consulter vos sympathies
et vos vœux et cependant vous êtes l'élite de la nation ! »

Il ajoute ce mot qui semble un écho de ces camps
romains, où de vils prétendants mendiaient honteusement
l'Empire, en sacrifiant aux légions le peuple et le
sénat :

« En ce moment solennel, je veux que l'armée fasse
entendre sa voix (2). »

---

(1) *Moniteur* du 5 décembre.
(2) *Moniteur* du 5 Décembre.

IV.

Une partie des troupes pouvait rester insensible à ce langage, mais l'exemple et la discipline l'entraîneraient. Louis Bonaparte d'ailleurs s'était hâté d'employer un autre moyen : il avait appelé l'argent à son secours.

L'argent était pour lui un ancien complice.

Il avait acheté des officiers et des soldats à Strasbourg; il avait voulu en acheter à Boulogne.

A Strasbourg, le colonel Vaudrey distribuait en son nom deux pièces d'or aux canonniers de chaque batterie.

A Boulogne, il offrait lui-même une pension de douze cents francs à un lieutenant de douane et ses aides-de-camp portaient des sacs de monnaie à la main (1).

C'était le temps des échauffourées besogneuses et des complots indigents. La conspiration bonapartiste mendiait. On l'accusait même d'avoir fabriqué de fausses lettres de change, pour payer les frais de la campagne.

Au 2 décembre, elle avait mis la main dans le trésor public; la banque venait de lui prêter vingt-cinq millions, et elle pouvait acheter à grand prix tous les instruments nécessaires à son dessein. L'aventurière avait fait fortune; elle jouait avec l'or, comme une Majesté du Mexique ou du Pérou.

---

(1) *Procès de Boulogne*, p. 105.

Il y avait, dès le matin, à l'Élysée, une table couverte
de billets de banque, de titres au porteur et de numéraire.
Plus d'un million avait été déjà donné à St-Arnaud et à
Magnan, ces deux grands condottieri du coup d'État.
Toutes les trahisons étaient invitées à venir toucher
d'avance leur solde à cette caisse du crime. C'est là que
Persigny prit les cent mille francs qu'il devait donner
au colonel Espinasse pour le pousser vers le palais de
l'Assemblée. « Voilà pour les éventualités » disait le chef
de la bande aux complices qui se présentaient.

Cet argent, prodigué aux officiers, devait descendre
jusque dans la main du soldat. Des rouleaux d'or furent
distribués le lendemain et les jours suivants aux prétoriens
de Louis Bonaparte. Le dernier cavalier, le dernier
fantassin avaient part à ces largesses. « Buvez à la santé
du Président » disaient les chefs de corps à leurs troupes.
L'orgie militaire commençait aux frais de la France.
L'ivresse du vin préparait à l'ivresse du sang.

V.

Ainsi enlevée à la République par la corruption et le
mensonge, l'armée est distribuée en groupes sinistres
sur tous les points de la capitale. L'état de siége, proclamé par Louis Bonaparte, n'est pas seulement une menace
pour intimider les esprits : il se révèle, avec le jour, dans
son formidable appareil, comme au milieu de nos plus
grandes luttes.

L'armée recrutée par le traître forme quatre divisions sous les ordres des généraux Carrelet, Renaud, Levasseur et Korte.

A la suite de ces chefs figurent, chacun avec sa brigade, es généraux de Cotte, Bourgon, Canrobert, Dulac, Reybell, Sauboul, Forey, Ripert, Herbillon, Marulaz, Courtigis, Tartas et d'Allonville.

Quelques-uns de ces généraux marchent au crime, traînés par la discipline, comme de vieux soldats qui ne voient rien au-delà de la caserne. Tels sont Korte et Sauboul.

D'autres y cherchent un grade, un commandement. Tartas est de ce nombre. Il avait renoncé quelques jours auparavant au mandat de représentant du peuple pour être placé à la tête des deux régiments de carabiniers cantonnés à Versailles. C'est un descendant de ces capitaines gascons du 16me siècle, que nous rappelle Montluc, présomptueux, ignorant et sceptique, jetant volontiers son sabre dans toutes les aventures. « Je ne connais d'autres livres que mes chevaux » disait-il un jour avec complaisance. (1).

Il y en a qui sont attirés surtout par l'appât de l'argent, comme Canrobert et Forey. Ils aiment le jeu, le luxe et les folles dépenses. Le butin leur est nécessaire. Ils le cherchent, ils le ramasseront partout, dans le sang comme dans la boue.

---

(1) Montesquieu parle dans sa correspondance d'un officier de son temps qui disait,.. « les livres servent peu pour la guerre; je n'ai jamais lu et je

La plupart ont fait la guerre en Algérie; mais ils n'y ont jamais joué qu'un rôle secondaire. Leur gloire est restée enfouie dans les palmiers nains qu'ont foulés leurs chevaux. Ils n'occupent qu'un rang subalterne dans l'esprit des soldats, qui les désignent, avec une sorte de dédain, sous le nom de *Petite-Afrique*. Mais s'ils n'ont pas conquis une grande réputation dans les gorges de l'Atlas, ils y ont ramassé des besoins et des vices. Ce sol, qu'ils étaient chargés de conquérir, les a conquis lui-même. Leurs passions et leurs convoitises se sont allumées au contact de cette terre ardente. Ils s'y sont fortifiés dans ce goût du despotisme déjà si naturel au soldat. Ils pouvaient croire encore au droit, quand ils quittèrent la France. Ils ne croient plus qu'à la force. Ils ont rapporté dans la métropole toutes les corruptions africaines. Placés à la tête de leurs troupes, moins coupables qu'eux, ils forment un camp au milieu de la patrie, et du sein de ce camp où Louis Bonaparte les achète, ils écrasent déjà la France, abandonnée comme une proie à leurs appétits militaires.

Ces généraux traînent à leur suite une trentaine de colonels, plus ou moins dignes de partager leurs exploits. Plusieurs de ces colonels ont rivalisé de zèle dans le crime. Tels sont Rochefort et Garderens.

Rochefort, qui paradait sur les boulevards à la tête de ses

---

ne suis pas moins parvenu aux premiers grades .. » Si le général Tartas lisait, il pourrait passer pour un plagiaire.

lanciers, leur disait : « Restez calmes jusqu'au moment où
j'ordonnerai la charge. Mais une fois l'affaire engagée de
quelque manière que ce soit, jetez vous en avant et ne
faites grâce à personne. » Il avait deviné Louis Bonaparte.

» Soldats, disait Garderens à ses fantassins sur la place
St.-Sulpice, que rien ne vous arrête. Frappez hardiment
tout ce qui s'opposerait à vous. Femmes, enfants, vieillards,
tuez tout sans pitié. » C'est ce même colonel qui venant à
Paris à la tête du 6me de ligne n'avait pas craint de promet-
tre à ses soldats les honteux lauriers de la guerre civile.

VI.

Le coup d'État qui s'est emparé de Paris par la plus
lâche des surprises, se présente aux citoyens derrière ces
bataillons dressés pour le carnage. Jamais autant de forces
ne s'armèrent pour un crime.

Il ne reste debout aucune des institutions de la veille.

L'Assemblée nationale est dissoute et le palais où elle siégeait a été envahi par les soldats du dictateur.

Plus de conseil d'État : il a disparu avec le pouvoir législatif.

Il y a encore des tribunaux, mais la loi y est condamnée
au silence.

La force, la force aveugle et sauvage, a détrôné le droit.

Un parjure, un traître, le plus vil et le plus grand des
scélérats s'est mis insolemment à la place du peuple dont il

usurpe la souveraineté. Il se donne comme l'héritier de la Constitution qu'il égorge et qu'il est prêt à noyer dans le sang. Il prétend même succéder à la France. Malheur aux citoyens qui ne craindront pas de s'armer pour la défense des lois devenues le jouet du tyran !

LIVRE III.

Fusillades, massacres et assassinats des journées de Décembre.

I.

Surprise ainsi et comme garrottée pendant la nuit, la capitale se trouve à son réveil dans la main des soldats. La nouvelle circule de bouche en bouche. On accourt, on se presse. Partout la foule se groupe autour des affiches qui annoncent le coup d'État.

Les mensonges, dans lesquels la trahison s'enveloppe, trompent un grand nombre d'esprits. Ce n'est pas un attentat contre les institutions démocratiques ; la souveraineté du peuple est reconnue, le suffrage universel

4

proclamé, la République maintenue avec éclat. Il est vrai que l'Assemblée nationale est dissoute. Mais le coup qui la frappe est destiné aux royalistes qui la veille encore se jouaient dans son sein des conquêtes de la Révolution. Louis Bonaparte a déclaré lui-même qu'il n'entre en campagne que pour sauver la République chaque jour menacée par les intrigues des vieux partis. Ne dit-il pas dans sa proclamation : « Aujourd'hui que le pacte fondamental n'est plus respecté de ceux-là même qui l'invoquent sans cesse et que les hommes qui ont déjà perdu deux monarchies veulent lui lier les mains, afin de renverser la République, mon devoir est de déjouer leurs perfides projets, de maintenir la République et de sauver le pays, en invoquant le jugement solennel du seul souverain que je reconnais en France, le peuple » (1). Comment ne pas croire à ces paroles? Et pourquoi l'ancien prisonnier de Ham ne songerait-il pas à servir la cause de la Démocratie?

Cette illusion que la police cherche à propager est repoussée et combattue par tout ce qu'il y a de Républicains intelligents. La Démocratie ne peut que perdre dans le drame qui se joue. Il s'agit bien pour Louis Bonaparte de défendre la République ! Le traître aspire à la dictature et c'est pour y arriver à coup sûr qu'il s'incline hypocritement devant la souveraineté du peuple que ses soldats traîneront bientôt en prison.

---

(1) *Moniteur* du 5 Décembre.

Une grande partie de la journée s'écoule au milieu
de ces rumeurs. Le bruit circule que plusieurs citoyens
ont été arrêtés dans la matinée. On prononce même
le nom de quelques représentants du peuple ; mais là
part des royalistes semble plus grande que celle des
Républicains. Le mensonge continue à protéger le coup
d'État, dont il se fait partout le complice.

Du reste aucune lutte, aucune résistance. Les citoyens généreux qui veulent arracher la République à
cet embrassement perfide, se cherchent à travers la
capitale. On voit des groupes nombreux dans les rues,
sur les places et sur les boulevards. Ce n'est ni le calme,
ni le tumulte, d'après le langage d'un écrivain de l'an-
tiquité ; mais le silence des grandes terreurs et des
grandes colères (1) !

Le coup d'État, pendant cette journée, se tient l'arme
au bras. Il n'égorge pas encore : il attend et il boit.
Il sera bien plus brave, quand il se sentira poussé
par le vin.

II.

C'était le lendemain qu'il devait frapper ses premières
victimes.

---

(1) Non tumultus, non quies; quale magni metûs et magnæ iræ silen-
tium est. *Tacit. Histor.* lib. 1. cap. 40.

Le lendemain, en effet, Paris n'avait plus la même physionomie. Les attroupements étaient plus nombreux et des symptômes de résistance éclataient sur plusieurs points. Les Représentants républicains qui étaient restés libres appelaient aux barricades les citoyens dévoués à la Constitution.

On a donné le signal de la lutte. Il est parti de la rue Ste.-Marguerite, du centre même de ce faubourg St.-Antoine qui devint plus d'une fois la citadelle du droit populaire aux prises avec la royauté. Le feu commence et les balles bonapartistes jettent sanglant sur le pavé le représentant Baudin.

Ce premier meurtre, ordonné par le commandant Pujol, donnait au coup d'Etat son véritable caractère. Le bonapartisme préludait aux massacres des jours suivants en passant sur le corps d'un mandataire du Peuple, qui mourait bravement pour la République.

Avant la fin du jour, on comptait une quarantaine de cadavres.

III.

Le bruit de ces égorgements avait circulé dans Paris depuis la veille, et quoique le peuple ne se lançât pas dans la lutte, on sentait partout gronder l'orage. La journée du jeudi s'annonçait d'une manière sinistre pour Louis Bonaparte.

D'un côté, on voyait se dresser une foule de barricades. Ces vastes îles de maisons qui s'étendent des Halles à la porte St.-Denis, en regardant à droite et à gauche la rue Montmartre et le quartier du Temple, commençaient à se couvrir de redoutes. La République, pendant deux jours, avait eu le temps de recruter une partie de ses soldats et elle cherchait à les jeter derrière ces forteresses de pavés qui lui servirent de berceau. C'était le souffle de la Révolution qui passait à travers la cité, en appelant aux armes les défenseurs de la Démocratie.

D'un autre côté, les boulevards étaient envahis par des groupes qui augmentaient d'heure en heure. La population affluait de toutes parts. Ce n'étaient pas des attroupements armés. Il y avait autant de femmes que d'hommes. Des enfants circulaient aussi en grand nombre dans les flots de cette multitude. C'était une sorte d'insurrection morale à côté de l'insurrection matérielle.

Le flot montait, montait toujours, comme si la nation tout entière eut voulu se montrer à l'armée que l'usurpateur entraînait dans son crime. Il y avait plus de mépris que de colère. Ce carnaval militaire qui se promenait depuis deux jours dans les rues, en trébuchant dans l'ivresse, inspirait surtout du dégoût à ce peuple de spectateurs. Les héros de l'orgie lui étaient connus.

« C'est le coup d'Etat des insolvables, » s'écriaient des centaines de voix.

Et d'autres voix aussi nombreuses répliquaient : « c'est la révolution des escrocs. »

Les cris se répétaient de rang en rang et de groupe

en groupe, comme le bruit d'un écho sans fin. Des noms
de femmes étrangères, d'intrigantes, de courtisanes se
mêlaient dans ces dialogues aux noms des complices de
Louis Bonaparte. C'était un vaste concert de clameurs
injurieuses et d'imprécations bouffonnes. Mais le cri de
la République dominait tous les autres.

La foule se déroulait en marchant, autour des soldats
du dictateur, comme pour les envelopper de ses sentiments et les remplir de son âme. Peut-être que la con-
tagion du mépris les gagnerait? Et alors que devenait le
coup d'État? Louis Bonaparte roulait avec lui dans la boue,
au milieu des éclats de rire de l'Europe.

Ces deux mouvements, qui menaçaient d'étouffer dans
son berceau la dictature du 2 Décembre, commençaient à
ralentir le zèle et l'ardeur des bonapartistes. L'alarme
avait gagné la préfecture de police. Maupas qui, le matin encore, croyait la partie gagnée, tremblait sur l'issue
de l'aventure. Son prédécesseur Carlier allait lui porter
du courage ; mais il le laissait dans la même épouvante.
« Ce petit jeune homme a la colique » disait-il avec dédain. Le préfet consterné jetait partout ses incertitudes
et ses craintes. Il tourmentait le télégraphe électrique pour
obtenir un avis du ministre de l'intérieur, et Morny,
fatigué de ses questions éperdues, lui renvoyait à la fin
le mot grossier de Cambronne à Waterloo. La trahison se
sentait défaillir partout derrière les piéges qu'elle avait
tendus à la République.

Pendant ces agitations, Louis Bonaparte se tenait
dans un coin de l'Élysée où il s'affaissait à demi sous le

poids de sa tentative. Ses confidents parlaient déjà de
battre en retraite. N'était-il pas prudent de quitter le
faubourg St.-Honoré, trop ouvert aux invasions populaires, pour se replier sur le Luxembourg ou sur l'hôtel
des Invalides ? Les voitures étaient déjà prêtes pour le
déménagement du coup d'État.

Seul, au fond d'un cabinet, le maître écoute avec
anxiété tous les bruits du dehors. Ce qui le trouble le
plus, ce ne sont pas les barricades qui s'élèvent dans
le sein de Paris ; ce sont les manifestations pacifiques,
mais formidables, qui se produisent sur les boulevards.
Il se sent à demi renversé par ce torrent d'indignation
publique dont la vague s'approche de plus en plus et,
secouant sa torpeur, il dit au général Roguet : « Que
St.-Arnaud exécute mes ordres. »

C'était l'extermination que le traître jetait sur Paris
du fond de son palais.

IV.

Un arrêté du préfet de police annonçait déjà que
les groupes seraient dispersés par les armes avant toute
sommation. Mais comment croire à tant de barbarie ?
Les gouvernements ou les partis avaient pu dans nos
jours de lutte hasarder une semblable menace ; ils ne
l'avaient jamais exécutée. La civilisation française avait
toujours comprimé au moment de l'explosion ces colères

sauvages. Mais une pareille barrière devait être impuissante contre les fureurs de Louis-Bonaparte.

Les ordres du tyran sont parvenus par les mains de St.-Arnaud dans les mains des séides qui doivent les exécuter. C'est le colonel Rochefort qui est appelé à commencer la boucherie.

Placé à la tête de ses lanciers, Rochefort stationnait sur les boulevards à la hauteur de la rue Taitbout. La foule circulait sur les deux côtés en criant : à bas Soulouque ! vive la République ! Tout-à-coup le colonel s'élance sur un groupe, le sabre à la main.

Dans ce groupe se rencontrait une dame qu'il allait tuer, si un citoyen généreux ne s'était jeté au devant de ses coups. « Assassin ! assassin !» criait à haute voix la jeune femme, plus irritée qu'effrayée du péril qu'elle venait de courir.

Un adjudant du colonel qui avait suivi son mouvement renverse deux individus. Les autres cavaliers se précipitent en frappant de tous les côtés et le sol est bientôt jonché de victimes.

« Il y avait, dit un témoin oculaire, plus de deux cents personnes étendues sur les boulevards entre la rue Grammont et la chaussée d'Antin. C'étaient des passants inoffensifs. On y remarquait un certain nombre de femmes et d'enfants. Plusieurs de ces malheureux étaient percés de part en part. Tous ou presque tous avaient été écrasés sous le pied des chevaux. J'en ai vu deux qui faisaient des efforts pénibles pour se relever. Mais la lance des cavaliers les rejetait vers la terre. Cin-

quante individus environ ont trouvé la mort dans cette
horrible surprise. »

Les Baskirs n'avaient-ils pas envahi la France, comme
à la chute de l'Empire ? C'étaient bien leurs chevaux
qui foulaient le sol de la capitale et jamais leur lance
n'avait été plus meurtrière.

V.

Cette attaque sauvage allait ouvrir une série de massacres. Bientôt après le drame continuait en se prolon-
geant vers la Porte St-Denis.

Au mouvement du colonel Rochefort a succédé celui
du général Canrobert. Cet autre bourreau de Louis
Bonaparte campait avec sa brigade sur les boulevards
Montmartre et Poissonnière. Un coup de canon retentit
de ce côté. Au même instant les bataillons de Canrobert
s'ébranlent.

Il semble qu'une secousse électrique ait été communiquée
par quelque agent secret à toute cette masse. Artilleurs,
cavaliers, fantassins, tout remue, tout s'agite. Les troupes
regardaient la porte St-Denis où s'élevait une barricade :
elles tournent brusquement sur elles-mêmes et se trouvent face à face avec la foule ; les fusils et les carabines
s'abaissent ; un nuage de feu couvre les boulevards.

Jamais [dans nos journées révolutionnaires Paris ne

fut témoin d'une telle scène. Les rangs de la foule
s'ouvrent et se déchirent : on voit tomber de toutes parts
des morts et des mourants. Un long cri de douleur
s'élève, mais il est couvert par le bruit de la fusillade.
Tout ce peuple, naguère si calme, tressaille et bondit
sous la grêle de balles qui l'enveloppe. On se précipite,
on fuit dans toutes les directions. Chose horrible ! Des
femmes, des jeunes filles, perdues dans cette mêlée,
veulent se dérober à la mort qui les poursuit. Tous leurs
efforts sont impuissants. Il semble qu'une sorte de vertige
les ait saisies. Elles cherchent à fuir la tempête qui gronde
autour d'elles et elles restent enchaînées à la même place
jusqu'à ce qu'une balle les renverse. Elles ne marchent
pas ; elles tournent tristement sur elles-mêmes, au milieu
des cadavres, comme si elles étaient le jouet de quelque
tourbillon invisible.

Des scènes plus terribles dérobent aux regards ce lugubre spectacle. Le champ du carnage s'étend : le canon
retentit ; les obus et les boulets se croisent avec les balles.
Après avoir balayé les boulevards, la tempête s'attaque
aux édifices, pour y chercher de nouvelles victimes.

Les soldats, que la mitraille précède, envahissent les
maisons et les fouillent avec leurs bayonnettes. L'hôtel
Sallandrouze, le café Frascati et le Cercle des Étrangers sont explorés, le fer à la main, par ces terribles
visiteurs, qui laissent partout des morts sur leur passage. Rien n'échappe à leurs coups. Ils fusillent, ils
égorgent, ils massacrent sans pitié tout ce qu'ils rencontrent.

Quelques passants s'étaient réfugiés dans les maga-
sins de la maison du Prophète. Ils sont traînés sur
les boulevards et tués.

Des ouvriers se cachaient derrière un tapis dans
l'hôtel Montebello. Ils sont découverts et mis à mort.

Une mère, accouchée la veille, est égorgée dans son
lit avec son enfant.

Plusieurs femmes avaient été surprises dans une maison à l'entrée de la rue Richelieu. Elles allaient être
fusillées, quand un colonel arrive et les sauve.

On voyait des officiers, hors d'eux-mêmes, pousser
les soldats au massacre : « Pas de grâce! pas de quartier » criait un capitaine à la compagnie qui le suivait.
« Entrez dans les maisons et tuez tout, » s'écriait de son
côté un chef de bataillon. Un général, qui soupait avec
son état-major dans un restaurant, fesait fusiller, sous
ses yeux, devant le péristyle de l'Ambigu-Comique, une
dizaine de malheureux, qui avaient été ramassés dans
les rues voisines.

La plupart des soldats ne s'appartenaient plus. Ils
étaient ivres, doublement ivres. Le vin et le sang les
excitaient à la fois. Quand un chef, plus humain que
les autres, essayait de les contenir, ils s'emportaient
contre lui ou se dérobaient à son influence. « Lieutenant,
vous trahissez, » disait un sergent à un officier qui lui
retenait le bras.

Quand cette rage fut tombée et que les égorgeurs
se reposèrent, les boulevards offrirent l'aspect le plus
lugubre et le plus sinistre. Il y avait partout des cada-

vres et l'on voyait çà et là s'agiter , au milieu des
morts , des mourants et des blessés qui semblaient disputer
leur vie au fer des assassins. Un habitant du boulevard
Montmartre aperçoit de sa fenêtre l'un de ces malheureux dont les jambes remuent encore. Il descend pour
lui porter quelque secours. Mais l'officier, qui commandait à l'entrée du Passage Jouffroy, lui barre le chemin. « Retire-toi , brigand , lui dit-il avec colère , ou
je t'envoie le rejoindre. »

On apercevait partout des cadavres. Il y en avait
peu d'isolés. La mort avait frappé dans les rangs d'une
masse compacte et les victimes étaient tombées par
groupes. C'était une véritable moisson d'hommes , de
femmes et d'enfants.

Le sang avait coulé à longs flots. Une boue rougeâtre
marquait partout la trace des assassins.

Un jeune homme s'était réfugié, au moment du massacre, dans la maison contiguë au théâtre des Variétés.
Il voulut en sortir vers cinq heures : les cadavres lui
dérobaient l'asphalte et ses pieds glissaient dans le sang.

A l'entrée de la nuit, une femme passait dans la rue
Richelieu et allait joindre le boulevard. Elle s'aperçoit
que ses pieds sont mouillés. « Il a dû bien pleuvoir,
dit-elle ; j'ai les pieds dans l'eau. » Elle s'arrête pour
regarder autour d'elle. Une mare de sang était sous ses pieds.

On voyait s'échapper un flot rouge et fumant de
plusieurs conduits de fonte : c'était le sang des victimes
qui avaient été égorgées dans l'intérieur des maisons.

Les carrés de terre découpés dans l'asphalte au pied de

chaque arbre étaient détrempés et formaient des cuvettes
de sang , d'après l'expression de plusieurs témoins.

Ces traces hideuses n'avaient pas encore disparu au
bout de quelques jours et Lamennais pouvait dire à un
prolétaire qui lui demandait du pain , après avoir manqué dans cette crise , comme tant d'autres , à la liberté
et à la république : « Il y a du sang sur le boulevard ;
allez le lécher ! » C'était la voix d'Ezéchiel qui éclatait
au milieu des ruines de la patrie !

VI.

Des boulevards où il avait commencé , le carnage s'é-
tait étendu jusqu'au quartier du Temple pour se replier
ensuite vers les Halles.

La foule ne s'offrait plus ici par masses aux assassins de l'Elysée. Ce n'étaient guère que des groupes
épars ou même des individus isolés. Quelques barricades
arrêtaient de temps en temps les soldats. Elles donnaient lieu à un égorgement. Lorsque les victimes ne
s'offraient pas d'elles-mêmes , les balles allaient les chercher au fond des maisons.

Un bataillon de tirailleurs de Vincennes descendait la
rue du Temple. Arrivés à l'angle de la rue de Venc-
lomme, ils s'amusent à tirer dans un magasin de nouveautés , situé au premier étage. Une jeune fille est

atteinte et elle tombe sans vie à côté de ses compagnes, glacées de frayeur.

Plus loin la même scène se renouvelle. Les balles, lancées au hasard, comme si elles étaient poussées par quelque tempête, atteignent cette fois un malheureux sexagénaire qui roule dans son appartement.

Ailleurs, mais toujours dans la même rue, c'est une mère de famille qui se trouve frappée. Elle venait de fermer les rideaux pour dérober à ses enfants le lugubre spectacle qui épouvantait Paris. Une balle arrive et la renverse.

Le meurtre se complique, il gagne, il s'étend à mesure qu'il s'avance vers le cœur de la ville. La rue Rambuteau, envahie et sillonnée par la gendarmerie mobile, voit tomber un grand nombre de victimes.

Deux ouvriers passaient avec leurs instruments de travail : ils sont arrêtés par la troupe et fusillés sur le trottoir.

A quelques pas de là, les égorgeurs cherchaient à grand bruit dans une maison une pauvre mère de famille qu'ils voulaient passer par les armes. « Fusillez la femme du second ; son mari est un rouge » leur criaient de la rue quelques sergents de ville qui semblaient présider à ces assassinats.

Mais c'est surtout le quartier Montorgueil qui est le théâtre de ces fureurs. Quelques défenseurs de la République, Gaston Dussoubs, Paturel, Carpentier et d'autres marquent de leur sang cette nouvelle étape du coup d'État. Ils tombent à l'entrée de la rue du Cadran, comme s'ils avaient voulu couvrir de leurs corps toutes ces victimes

qui allaient périr. Furieux de cette résistance, les soldats se
précipitent avec rage dans les rues voisines. Tout ce qui se
trouve sur leur chemin est impitoyablement égorgé. Le
chef de bataillon, Janin, présidait à cette boucherie.

Des citoyens paisibles étaient arrachés violemment de
leur maison et traînés dans la rue où la mort les attendait.
Plus de cent hommes sans défense furent ainsi massacrés au
pied d'une barricade et les soldats s'amusèrent à mutiler
leurs cadavres. Les assassins laissaient partout derrière
eux une longue traînée de sang.

Un détachement, fatigué de meurtres, traversait la rue
Saint-Sauveur. Il voit une maison ouverte. C'est sans doute
un asile qui s'offre aux victimes. Les soldats s'y jettent et
fouillent tous les étages. Ils frappent, ils égorgent tous les
individus qu'ils rencontrent et les précipitent ensuite par
les fenêtres. « En avant le ballot ! » disaient-ils en ricanant.
Un vieillard était couché dans son lit. Ils veulent le prendre
pour le lancer avec les autres sur le pavé. « Laissez-le tranquille, s'écrie un officier : c'est un cadavre : vous avez
assez des vivants. » Une jeune ouvrière assistait à cette
scène d'une maison voisine. Elle aurait voulu s'arracher à
ce spectacle. Mais elle était clouée là par une force invinci-
ble. Dieu devait un témoin à tant d'horreurs. Il ne fallait pas
que Louis Bonaparte et ses complices pussent dérober à
l'histoire le récit de ces atrocités.

A ces massacres hideux s'ajoutaient çà et là des meur-
tres isolés, qui servaient de distraction aux assassins.
Trois individus sortaient de la rue Jean-Jacques-Rousseau.
La troupe les aperçoit et leur jette une grêle de balles. Le

premier tombe mort sur la chaussée. Le second , mortel-
lement atteint , fait quelques pas en avant , mais il va
s'affaisser au coin de la rue Tiquetone où il expire. Le
troisième se rejette en arrière et chancelle bientôt comme
les deux autres : il avait reçu une balle en pleine poitrine.
Pendant cette scène , on entendait des rires féroces à la
pointe Sainte-Eustache d'où ces coups étaient partis.

L'égorgement avait commencé pendant le jour , sur les
boulevards, aux yeux de la France et du monde et il
s'achevait à une heure avancée dans ces rues étroites et
obscures qui aboutissent aux Halles. Cet attentat contre la
République , la civilisation et l'humanité , conçu pendant la nuit , semblait se replier honteusement dans les ténèbres. Quelques-unes des dernières victimes tombèrent
dans le passage du Saumon où plusieurs républicains
avaient déjà trouvé la mort. Les bourreaux firent main
basse sur un enfant qui cherchait à se dérober derrière
des jouets. Le gardien du passage , un borgne , la chan-
delle à la main , précédait les exécuteurs et dirigeait leur
marche. Le coup d'Etat , ivre et chancelant , achevait dans
l'obscurité , au milieu des cadavres, sa ronde sangui-
naire.

VII.

Le massacre n'avait cessé dans les rues que pour recommencer ailleurs. On tuait, on fusillait sur plusieurs

théâtres à la fois. Le plan de Saint-Arnaud s'exécutait :
« Pas de prisonniers armés, » avait-il dit à son état-
major, et comme les soldats étaient encore plus humains
que les chefs : « On fait toujours des prisonniers malgré
mes ordres, » s'écriait-il avec douleur. Sa grande âme
allait être consolée.

Quelques Représentants du Peuple avaient été conduits
à la préfecture de police. Ils purent croire plus d'une fois
qu'ils y seraient tués. « Les sergents-de-ville, dit l'un d'eux,
se jetaient comme des tigres sur les détenus, dont les
mains étaient enchaînées et les assommaient. Ils les laissaient râlant sur la pierre, où plusieurs ont expiré. »

Un autre témoin, l'ancien commandant de la garde
républicaine, a raconté les mêmes faits. « Jour et nuit,
dit-il, on entendait des cris plaintifs dans les cours de
la préfecture. Les prisonniers essayaient en vain de se dérober aux coups dont les menaçait le bâton court et
plombé des sergents-de-ville. »

Trois ou quatre jours après le coup d'État, un habitant de Belleville arrive à la préfecture et il entend ces
mots qu'un agent adressait à un employé de service. « La
voiture est là pour emporter les cadavres. » On le conduit avec deux autres citoyens dans une espèce de cellule. Un boiteux qui vient leur apporter du pain leur dit
mystérieusement : « Il est heureux pour vous de n'être
arrivés qu'aujourd'hui à la préfecture ; il s'y est passé
de terribles choses. »

On prodiguait aux prisonniers les insultes les plus
grossières, les menaces les plus sauvages comme pour les

associer d'avance au sort des victimes qui tombaient à côté d'eux. « Je n'oublierai jamais, dit l'un des détenus , avec quelle expression de joie féroce un sergent de gendarmerie mobile s'approcha de moi pour me dire : on vient de condamner vingt-cinq de vos amis à mort et on va les fusiller sur-le-champ. Vous y passerez tous. »

Mais ce n'étaient là que des jeux à côté des exécutions du Champ-de-Mars et de la plaine d'Issy.

Pendant plusieurs nuits , on entendit un bruit de fusillade aux environs de l'Ecole Militaire. Le Champ-de-Mars qui avait fêté nos révolutions populaires ou bourgeoises devenait le tombeau des défenseurs de la Constitution. Un soldat qui a été conduit à ce carnage racontait, que dans une seule nuit on en avait fusillé plusieurs centaines.

Il y eut encore plus de sang répandu dans cette plaine qui sépare Issy de Vaugirard. L'un des principaux éditeurs de Paris avait à son service un colporteur dont le frère était enrôlé dans la gendarmerie mobile. Trois ou quatre jours après le coup d'État , les deux frères se rencontrent. Le soldat était pâle : il avait l'œil hagard et le visage abattu. « Que t'est-il donc arrivé ? » lui demande le colporteur. « Ah quelle nuit ! s'écrie le soldat. C'est horrible ! j'en deviendrai fou. » L'autre l'interroge ; il le presse, il insiste, et le soldat raconte en frémissant qu'il a été employé pendant toute une nuit avec ses camarades à égorger des prisonniers dans la plaine d'Issy. « Nous sommes des assassins , ajoutait-il , et j'ai horreur de moi-même. »

VIII.

Une passion sauvage était née dans le cœur des soldats au milieu de ces exécutions barbares. Ils avaient goûté du sang et comme disent les vieux poëmes du Nord, ils l'avaient trouvé *horriblement bon*.

Le lendemain de la tuerie des boulevards, un citoyen voit passer un dragon et l'accueille par un cri en l'honneur de la République. Le dragon lui répond en lui cassant la tête d'un coup de pistolet.

Dans la journée du samedi, un ancien magistrat, le beau-frère du général Leflô, est conduit à la préfecture. Il y arrive pâle et tremblant. La terreur était peinte sur son visage. Les prisonniers se pressent autour de lui et l'interrogent. « Je viens de voir, leur dit-il, un jeune homme, un enfant que des soldats emmenaient et qu'ils ont assassiné sous mes yeux. Il a reçu deux coups de fusil et comme il remuait encore, ils lui ont jeté une troisième balle qui a fait voler sa cervelle en éclats. »

Quatre ou cinq jours après, un ancien gardien de Paris était arrêté et dirigé sur la préfecture de police. Il ne marchait pas de bonne grâce. Le détachement qui l'emmène fait halte et le fusille.

Vers la même époque, une pauvre femme était tuée aussi en chemin par quelques hommes du 26ᵐᵉ de ligne qui étaient chargés de la conduire.

Un peu plus tard, un détenu éprouvait le même sort. Il était renfermé à Sainte-Pélagie. On le condamne au cachot pour avoir glissé dans la cour. Il usait les sabots du gouvernement ! « Je n'irai pas au cachot, dit-il au geôlier ; qu'on me tue. » Des soldats se précipitent et le fusillent dans un coin. « Je ne l'ai pas manqué, moi ! » s'écrie avec orgueil l'un des bourreaux, en accusant la maladresse de ses camarades.

C'était au mois de janvier. Le boulanger Lambol avait été arrêté à la suite d'une querelle. Arrivé au coin de la rue Menilmontant, il se dérobe à son escorte et prend la fuite. Une grêle de balles le tue.

Ainsi le meurtre était partout : il frappait à chaque instant, il frappait sans motif, il frappait sous toutes les formes. C'était une fureur désordonnée. L'assassinat avait conquis la capitale et il s'y promenait en maître.

IX.

Que de citoyens ont disparu au milieu de ces violences !

Louis Bonaparte a cherché déjà à tromper l'histoire sur ces abominables massacres. Il a menti, comme mentent, depuis Caïn, tous ceux qui égorgent leurs frères.

Il n'avouait au mois de janvier que cent quatre-vingt-onze assassinats. Tel était le chiffre des *personnes décédées*, d'après le langage du tyran et de ses com-

plices. Quel mot innocent après tous ces meurtres ! Tu
devrais bien avoir vécu, lâche et cruel histrion !

Peu de temps après, il n'y a que quelques jours,
il confessait trois cent quatre-vingt-trois victimes. Il
prétendait répondre par ce chiffre aux attaques d'un
journal anglais qui accusait douze cents cadavres (1).
Nouveau mensonge de l'assassin.

Qu'on se rappelle tout le sang qui a été versé depuis le moment du coup d'État jusqu'à la seconde quinzaine de Décembre. Il ne s'agit pas de compter seulement les victimes qui sont tombées sur les boulevards
dans cette tempête de fer et de feu, au milieu de
laquelle on a vu chanceler tout un peuple, comme dans
une sorte d'ivresse. A ces égorgements solennels, il faut
ajouter d'abord les massacres qui ont eu pour témoins le
quartier du Temple et la pointe Sainte-Eustache ; il faut
ajouter ensuite les assommades secrètes de la Préfecture
de police, les fusillades nocturnes du Champ-de-Mars
et le meurtre en grand de la plaine d'Issy ; il faut
ajouter enfin tous ces assassinats que le coup d'État a
semés partout sur son passage, comme des éclabous-
sures.

On demandait à un commandant de la gendarmerie
mobile, c'était interroger la loi et les prophètes, quel
était le chiffre des morts. « Voyons, disait l'interlocuteur à l'assassin d'élite ; combien y en a-t-il ? six cents ?

---

(1) *Moniteur* du 28 août.

huit cents ? mille ? — Vous pouvez en mettre douze cents,
dit l'égorgeur à épaulettes, et vous serez encore loin
du compte. »

Un relevé des victimes fût dressé après l'attentat dans
les bureaux de la préfecture de la Seine. Il y avait dans
cette liste deux mille six cent cinquante-deux noms.

Vers la même époque, une lettre écrite par un général
orléaniste au service de Louis Bonaparte, portait le
chiffre encore plus haut. « Les Parisiens, disait cette
lettre, ont perdu deux mille huit cents hommes » (1) C'était
un bulletin militaire pour l'anniversaire d'Austerlitz.

Ainsi près de trois mille citoyens ont trouvé la mort
dans les journées de Décembre. C'est à travers ce mon-
ceau de cadavres que Louis Bonaparte a marché vers
la dictature. Il lui fallait tout ce sang pour cacher sa
boue. Il n'était que bouffon et ridicule ; il a voulu être
terrible.

La France, comme on l'en a menacée, assiste déjà
au règne des Césars. Louis Bonaparte vient de lui montrer dans le sang la figure hébétée de Claude.

————————

(1) Cette lettre a été vue par quelques représentants détenus au
Mont-Valérien

LIVRE IV.

Arrestations, emprisonnements et préparatifs d'une proscription en masse.

I.

C'était peu d'avoir noyé Paris dans le sang. L'attentat n'était encore qu'ébauché. Il fallait l'achever pour en jouir. Louis Bonaparte savait que s'il est dangereux de tenter les grands crimes, il y a profit à les consommer (1).

Les massacres duraient encore que le nouveau dictateur songeait à s'assurer ce hideux avantage. De là une

---

(1) Haud ignarus summa scelera incipi cum periculo, peragi cum præmio. TACITE, *Annal.* lib. XII, cap. 59.

série de rigueurs, de persécutions et de violences, dignes
des temps les plus barbares. Il semblait que la France
fut conquise. Le bonapartisme irrité et furieux, comme
un ennemi qui a vaincu, posait partout sa main pleine
de vengeances.

Rien n'était respecté dans cette invasion brutale et
sauvage.

Tout ce qui était républicain avait été mis hors la loi.
C'étaient partout des arrestations individuelles ou des
emprisonnements en masse.

La prison est encore la patrie; mais n'allait-elle pas
devenir le vestibule de l'exil? N'était-elle pas la première
étape de la déportation sous quelque ciel meurtrier? Où
s'arrêterait cette tempête qui dispersait ou emportait en
passant les populations?

II.

Paris avait vu commencer les enlèvements dans la
matinée même du coup d'Etat.

Ce n'était encore qu'une sorte de précaution stratégique.
Louis Bonaparte et ses complices voulaient empêcher la
résistance de s'organiser, en lui enlevant ses chefs natu-
rels. Ils décapitaient ainsi d'un coup cette armée du
droit et de la loi que la République pouvait recruter dans
les rangs du peuple.

Mais les jours suivants, il ne s'agissait plus de lutte.

Les héros du guet-apens étaient les maîtres : ils cherchaient uniquement à se débarrasser des républicains.

Les arrestations opérées dans la nuit, au moment où le crime allait s'accomplir, devaient comprendre soixante-douze citoyens. Il y avait six semaines que la liste de ces victimes était dressée. Elle sortait des mains de l'ancien préfet de police, Carlier, qui l'avait préparée au mois d'octobre, quand on eut la pensée de frapper le coup, en l'absence de l'Assemblée.

Trois sortes de noms figuraient sur cette première liste qui n'annonçait que la prison, en attendant d'autres listes plus lugubres.

Il y avait d'abord un certain nombre de Représentants du Peuple, entre autres les généraux de l'armée d'Afrique.

Après eux venaient plusieurs membres de ce comité qui avait préparé l'élection d'Eugène Sue.

Enfin on y voyait figurer quelques républicains qui n'avaient rempli aucun rôle public, mais qui furent plus d'une fois éprouvés dans nos luttes.

Ces premières victimes de la terreur bonapartiste ne tombèrent pas toutes dans les mains des sbires du dictateur. Le hasard, des avis officieux et les difficultés de l'exécution en dérobèrent quelques-unes à la police.

Maupas chargé de préparer les arrestations en avait confié le soin à quelques commissaires dont la résolution et l'audace acceptaient tous les rôles, même celui d'assassin. Voici les noms de ces agents qui, les premiers ont porté la main sur les Représentants du Peuple : Allard, Bertoglio, Blanchet, Boudrot, Colin, Courteille, Desgranges, Gron-

fier , Hubaut aîné , Hubaut jeune, et Lerat. Il faut joindre
à ces noms ceux de Barlet et Lemoine, qui devaient, dans
le courant de la journée , envahir avec les troupes la salle
où délibérait une partie de l'Assemblée Nationale. Tous ces
commissaires justifient le choix dont ils ont été l'objet. C'est
l'avant-garde du coup d'État ; elle ouvre audacieusement la
voie à toutes les violences.

Le projet de Louis Bonaparte avait été d'abord de faire
assassiner dans leur lit les généraux Bedeau, Cavaignac ,
Changarnier , Lamoricière et Leflô. Il destinait le même
sort au colonel Charras dont il redoutait presque autant
l'influence. Cette pensée fit place à une autre. Les agents,
chargés du coup de main , ne devaient donner la mort
que dans le cas où ils rencontreraient quelque résistance.
L'assassinat allait frapper à la porte des victimes ; il con-
sentait à laisser dormir ses poignards , si les victimes lui
rendaient le salut et consentaient à lui obéir.

« Ne tentez pas de résistance , dit le commissaire Colin
au général Cavaignac ; elle ne servirait à rien ; vous le
voyez, je ne suis pas seul. »

« J'exécute un mandat, répond Hubaut jeune à Bedeau :
si vous savez jouer votre vie , je suis prêt à sacrifier la
mienne. Ne faites pas de violence ; car j'aurais recours à
des moyens extrêmes. »

« Général , s'écrie Bertoglio en arrachant Leflô de
son lit , ne résistez pas ; nous sommes en état de siége :
en qualité de militaire vous savez ce que cela veut dire. »
Et comme Leflô élevait la voix pour appeler du secours ,
une vingtaine de bayonnettes se croisent sur sa poitrine.

D'autres arrestations devaient suivre de près ce premier enlèvement.

Plus de deux cents Représentants, écartés du palais
des séances, s'étaient portés à la mairie du 10ᵐᵉ arrondissement pour y opposer le droit à la violence et s'armer de tous les pouvoirs qui leur étaient réservés par la
Constitution pour ces jours de crise. Ils étaient cernés
bientôt après par le général Forey, qui avait appris de
Changarnier à mépriser le pouvoir législatif.

« Le dixième arrondissement est enlevé, écrivait Maupas
à Morny. Cent représentants environ sont renfermés à
la caserne d'Orsay; c'est là un point immense. » (1).

Quelques-uns de ces prisonniers furent relâchés le
soir même : c'étaient des royalistes; ils pouvaient pro-
mettre des complices. On dirigea les autres sur Mazas,
Vincennes et le Mont-Valérien.

Avant la fin de la journée, des mandats d'arrêt étaient
décernés contre tous les Représentants qui siégeaient sur
les bancs de la gauche. La police avait pris leurs noms
dans ce tableau de votes que publiait le *Moniteur* et où
ils se groupaient, comme une armée, en face des royalistes qui faisaient la guerre à la République. Ce tableau

---

(1) Le préfet de police dans cette lettre semblait regretter que les représentants Berryer et Falloux eussent été enlevés avec leurs collègues. Ils
étaient bientôt libres l'un et l'autre, et l'ancien ministre de l'instruction
publique répondait à l'un de ses amis qui lui parlait de résignation : « Je
fais tout mon possible pour être résigné; mais jusqu'à présent je n'ai pu
être que satisfait. »

n'était jamais complet. Quelques membres s'abstenaient ou manquaient à la séance. Il y en a qui ont dû à cette circonstance de n'avoir pas été compris dans les violences de cette journée.

Le lendemain et les jours suivants la police choisissait encore quelques victimes. Mais bientôt elle arrêtait les citoyens en masse. Elle ne se contentait pas de pénétrer dans les maisons particulières; elle envahissait les cafés, les théâtres et les autres lieux publics.

Un certain nombre d'arrestations avait eu pour motifs le désir et le besoin d'assurer le succès du coup d'État. C'est ainsi que la police avait mis la main sur des journalistes, sur des orateurs populaires, sur d'anciens soldats de nos révolutions, sur tous les hommes enfin qui pouvaient, au moment du crime, marcher au secours de la République.

Les arrestations qui suivirent eurent un autre caractère. Elles dépendirent quelquefois d'un caprice, souvent d'une haine ou d'un intérêt qui guettait sa proie dans l'ombre, plus souvent encore du furieux dévouement de quelque subalterne.

Plusieurs ouvriers sont amenés un jour à la Conciergerie. Ils travaillaient dans la rue sur un échafaudage. Un officier passe à la tête de ses soldats et va se heurter maladroitement contre l'échelle. Le lieutenant de Louis Bonaparte entre en fureur. Il ne pouvait envoyer l'échelle en prison : il y envoie les ouvriers qu'il arrache violemment à leurs travaux.

« Est-il vrai, commandant, que le général Neumayer

n'ait pas accepté le coup d'État? » demandait un passant
à un chef de corps qui stationnait dans la rue. Le colonel
se jette sur son interlocuteur et le conduit au poste voisin.

Un citoyen était enlevé sur le seuil même de sa porte
par un capitaine de gendarmerie mobile, qui l'accusait
d'avoir exprimé une *opinion liberticide.* Ce valet de la
tyrannie ne savait pas évidemment sa langue.

Voici un concierge qu'on amène. La police l'a pris au
collet et le traîne en prison, parce qu'il a un perroquet
qui jase avec les notes de la *Marseillaise.* Pourquoi
l'oiseau malencontreux ne dit-il pas : *ave, Imperator* comme
le corbeau de ce savetier qui avait appris à saluer Octave?

Dans le faubourg St.-Martin, un fabricant était arrêté
à la place de son frère qui était mort six mois auparavant.

Ailleurs, c'était un portier qu'on emmenait, parce qu'il
n'avait pu livrer un locataire de la maison.

Les commissaires de police poussaient eux-mêmes à
ces excès. Ils avaient compris le caractère violent de la
dictature qui cherchait à s'établir et ils voulaient acquérir
des titres à sa faveur. Plusieurs avaient fixé d'avance le
contingent qu'ils devaient fournir chaque jour en prison.
Il y en avait un qui avait porté le sien au chiffre de deux
cents. Quand ce nombre était atteint, il renvoyait tout le
reste. « Ce sera pour une autre fois, disait-il avec cynisme,
j'ai mon compte. »

Des bandes de prisonniers étaient ainsi enlevés jour-
nellement par des soldats à moitié ivres, qui se croyaient
en Afrique et qui poussaient devant eux comme un trou-
peau ces *nouveaux Bédouins.* Ce nom qui circulait dans

leurs rangs, comme un cri de guerre, jetait un jour sinistre sur la situation. Il y avait véritablement des vainqueurs et des vaincus, des citoyens et des étrangers, des Français et des Barbares.

Huit jours ne s'étaient pas écoulés depuis le coup d'État que toutes les prisons, tous les forts de la capitale regorgeaient de prisonniers.

Il y en avait à la Conciergerie et à la Préfecture de Police.

Il y en avait à Sainte-Pélagie et à Saint-Lazare.

Il y en avait à Mazas.

Il y en avait à Vincennes.

Il y en avait au Mont-Valérien.

Il y en avait surtout à Vanvre, à Ivry et à Bicètre dont les casemates servaient de déversoirs à tout ce peuple arraché brusquement de ses foyers.

On avait supprimé l'écrou. Toutes les formes légales étaient inutiles depuis que les lois avaient disparu. D'ailleurs comment recueillir tous ces noms? Il aurait fallu une légion de scribes pour tenir compte de ces myriades de prisonniers. C'était en vérité trop de peine. L'homme existe-t-il après tout, quand le droit a cessé de vivre?

Plus de trente mille détenus étaient ainsi entassés pêlemêle dans une confusion inexprimable, sans qualité, sans nom, comme des ennemis qui auraient été ramassés sur le champ de bataille. C'était en effet des ennemis pour Louis Bonaparte: car ils étaient dévoués à la Constitution et à la République.

III.

Cette fureur d'incarcération ne devait pas se borner à Paris : elle gagnait bientôt les départements condamnés aux mêmes violences. On avait frappé la tête et le cœur de la République : on allait frapper les membres.

Quarante départements étaient mis en état de siége dans les premiers jours de décembre. C'était la loi militaire qui enveloppait la moitié de la France dans un réseau de fer. L'autre moitié n'était guère plus libre, puisque les préfets avaient tous les pouvoirs dans leurs mains, comme autant de dictateurs.

L'état de siége avait été proclamé sur quelques points du territoire, parce que des insurrections populaires y avaient leur foyer.

Il avait été établi sur d'autres points comme par un luxe de tyrannie. C'était un lit plus commode pour la force, qui prenait partout la place du droit.

Quelques milliers de citoyens avaient été jetés en prison avant l'invasion de ce régime.

Mais à peine ce régime est-il inauguré, que les arrestations se multiplient de toutes parts. Les sbires de Louis Bonaparte ne se contentent pas de mettre la main sur les citoyens qui se sont levés ou ont voulu se lever pour la défense des institutions républicaines. Ils poursuivent, ils arrêtent, ils enlèvent des vieillards et des enfants. Ils ne respectent pas même les femmes, qu'ils traînent en prison, mêlées et confondues avec les hommes. Des familles entières disparaissent dans ces espèces de rapts militaires. Notre belle langue est impuissante pour de pareils récits. Il ne s'agit plus d'arrestations, d'emprisonnements ni d'écrous. Ce sont des *razzias*. La dictature bonapartiste est condamnée à parler la langue des Arabes, la langue des pillards et des assassins de l'Algérie.

On n'arrêtait pas seulement dans les villes et les campagnes qui avaient été le théâtre de quelque mouvement. La main des bandits officiels recrutait des victimes jusque dans les centres les plus paisibles. Il suffisait pour tomber dans leur filet d'avoir servi la République ou concouru au progrès des idées républicaines. Des haines particulières atteignaient ceux qui avaient été ménagés par les ressentiments politiques. La délation allait frapper lâchement à la porte des généraux, des magistrats et des autres fonctionnaires pour leur présenter dans l'ombre de honteux bulletins.

Une partie de la société traînait l'autre en prison, au nom de l'ordre et du salut public.

Les soldats qui envahissaient, comme des brigands, le domicile des citoyens, refusaient d'en sortir, s'ils n'avaient pas mis la main sur ce qu'ils appelaient leur *gibier*. Car c'était là pour eux une partie de chasse. Ils marchaient quelquefois accompagnés de chiens, pour mieux montrer sans doute quel était le caractère de ces abominables expéditions.

Si la victime désignée ne paraissait point, sa famille se

trouvait exposée à toutes les violences. Des enfants étaient menacés parce qu'ils n'indiquaient point la retraite de leur père.

Quelquefois le malheureux, que la prison réclamait, avait cessé de vivre depuis des mois ou des années. On tourmentait la veuve pour qu'elle le livrât. Il avait laissé un fils qui commençait à le remplacer ? Ce fils était enlevé et un vide nouveau se faisait dans la famille.

Certains départements, la Nièvre, par exemple, ont fourni dans quelques jours plus de six mille détenus.

D'autres, tels que l'Allier et l'Hérault, en ont compté cinq mille et davantage.

On a vu dans le Var et les Basses-Alpes des populations entières disparaître. Le vide était si grand, si effroyable, que les journaux bonapartistes déploraient eux-mêmes ces enlèvements qui menaçaient de dépeupler le territoire.

Plus de deux cent mille citoyens ont été ainsi emprisonnés dans les différentes parties de la France.

Une armée de cinq cent mille hommes, vingt-deux mille de gendarmes, plusieurs milliers de cantonniers et de gardes-champêtres avaient été mis en mouvement pour cette immense recrue de prisonniers.

On manquait de geôles. Des tours abandonnées, des donjons en ruine, des cachots fermés depuis des siècles recevaient une partie des détenus. Une autre partie était entassée dans les forts que baignent l'Océan et la Méditerranée. Il y en avait dans les casemates de Blaye, dans les lazarets de Marseille, dans les forts de Cette, de Port-Vendres et de Toulon. De vieilles églises, qui n'étaient plus hantées que par les hiboux, gardaient le reste. Elles n'étaient hélas! que l'image de ces églises souillées où des prêtres sans conscience allaient se prostituer à l'usurpateur, geôliers des esprits et des âmes, prêts à seconder, au nom de Dieu, tous ces geôliers des corps qui jetaient sous les verroux les défenseurs de la République!

Le gouvernement qui n'a pas tenu des registres d'écrou, de peur qu'ils ne tombassent un jour dans les mains de l'his- toire, a été obligé d'avouer lui-même qu'il avait dépeuplé la France pour peupler les prisons.

Voici le décret qu'il publiait dans les derniers jours de mars :

« Le président de la République ,

» Vu la loi qui classe les dépenses ordinaires des prisons départementales parmi celles qui doivent être inscrites aux budgets départementaux ;

» Considérant que tel n'est pas le caractère des dépenses occasionnées par les arrestations qui ont eu lieu à la suite des événements de Décembre ; que les faits en raison des- quels les arrestations se sont multipliées , se rattachaient à un complot contre la sûreté de l'État, dont la répression importait à la société toute entière; et que dès lors il était juste de faire acquitter par le trésor public l'excédant de dépenses qui est résulté de l'accroissement extraordinaire de la population des prisons ;

» Décrète ,

» Il est ouvert au ministre de l'intérieur un crédit de

deux cent cinquante mille francs applicable au payement
des dépenses résultant des arrestations opérées à la suite
des événements du 2 Décembre. » (1)

IV.

A la vue de ces incarcérations, la terreur avait gagné
les esprits. Il était bon de l'y maintenir.

Les prisons ne pouvaient pas garder toutes leurs victimes.
Ce spectacle aurait pu à la fin indigner la France. Et
d'ailleurs comment tenir longtemps sous les verroux
plus de deux cent mille hommes ? Où trouver assez de
geôliers ?

Il fallait nécessairement renvoyer une partie des détenus,
à moins qu'on ne voulut renouveler les massacres de
Décembre. Que faire des autres ?

Dès les premiers jours, Louis Bonaparte et ses complices
songeaient déjà à se débarrasser des hommes les plus influents
de la Démocratie. Mais la dictature la plus absolue a des
bornes, sinon dans les lois qui n'existent plus, du moins
dans les mœurs et les idées qui gouvernent l'opinion
publique. Il fallait un arrêt quelconque pour écarter
ces adversaires qui gênaient le tyran. Il ne s'agissait pas
de recourir aux tribunaux, quelle que fut leur complai-

---

(1) *Bulletin des lois* du 27 mars.

sance. Qu'avait à faire la justice dans cet égorgement de tous les droits? Il s'agissait de trouver quelqu'une de ces machines à jugement qui ne manquent jamais à la tyrannie, quand elle veut faire main-basse sur un peuple.

Les héros du coup d'État crurent avoir découvert, le lendemain même du crime, un moyen sûr de frapper les hommes qu'ils redoutaient.

Quelques jours après le 2 Décembre, Louis Bonaparte signait un décret qui contenait les dispositions suivantes :

« Article 1er. Tout individu placé sous la surveillance de la haute-police, qui sera reconnu coupable de délit de rupture de ban, pourra être transporté, par mesure de sûreté générale, dans une colonie pénitentiaire à Cayenne ou en Algérie.

« Art. 2. La même mesure sera applicable aux individus reconnus coupables d'avoir fait partie d'une société secrète. » (1).

Ce décret avait surtout pour but d'atteindre les hommes politiques, ceux qui avaient été compromis dans nos luttes, et qui, à force de courage et de persévérance, avaient conquis une patrie à Louis Bonaparte lui-même. L'odieux dictateur les confondait du premier coup avec les forçats, et le mot de Cayenne était là avec ses lugubres souvenirs, pour montrer sans doute que le prétendu neveu de l'Empereur était bien décidé à renouveler avec éclat le despotisme de son oncle.

Rien n'était plus facile que d'envelopper un grand

_____

(1) *Moniteur* du 9 décembre.

nombre de républicains dans les liens de cette monstrueuse
pénalité. Il suffisait de les rattacher à quelque société
secrète. Ce rôle allait appartenir aux conseils de guerre
dans la plus grande partie de la France ; car l'état de
siége avait inauguré la justice militaire à Paris et dans
une quarantaine de départements.

Mais les auteurs du décret s'aperçurent bientôt qu'il ne
remplissait pas complètement leurs vues. Toute la France
n'était pas en état de siége. Une partie des prévenus devait
donc échapper à la juridiction du sabre et comparaître
devant les tribunaux ordinaires. C'était une série de débats
qui allait s'ouvrir sur tous les points de la République. Le
même inconvénient s'offrait sous une autre forme avec la
justice des conseils de guerre. Il y avait une procédure
comme devant les Cours d'assises ; il y aurait aussi des plai-
doiries, c'est-à-dire des discussions retentissantes ou plutôt
des invocations solennelles au droit.

Il fallait conjurer ce péril. Louis Bonaparte et ses complices y pourvurent en partie par un second décret qui
parut le jour suivant.

Ce nouveau décret était ainsi conçu :

« Art. 1er. La connaissance de tous les faits se ratta-
chant à l'insurrection du 2 Décembre dans les départements composant la première division militaire et le
jugement des individus poursuivis à raison de ces faits sont
déférés à la juridiction militaire.

» Art. 2. Il est institué, sous la direction du général
Bertrand, quatre commissions militaires composées cha-
cune de trois membres.

Art. 3. Les commissions militaires procéderont à tous les actes d'information nécessaires : elles apprécieront les charges résultant des procédures : elles statueront soit sur le renvoi devant les conseils de guerre de la première division, soit sur la mise en liberté. » (1)

Paris et tout ce groupe de départements qui environnent la capitale se trouvaient ainsi livrés à des tribunaux secrets, frappant à huis clos, sans instruction et sans débat, les défenseurs de la Constitution et de la République. C'était un instrument terrible de proscription que Louis Bonaparte venait de mettre en jeu pour assurer le triomphe de sa dictature. Il était établi au centre du gouvernement : rien de plus facile que de le porter ailleurs. Louis Bonaparte voulait qu'on le sentît partout. Il n'attendit que le temps nécessaire pour le perfectionner.

Quelques semaines après, la France consternée lisait ce qui suit :

« Animé du désir de mettre un terme aux difficultés qu'ont fait naître les nombreuses arrestations opérées à la suite des derniers troubles et de voir la société délivrée des pernicieux éléments qui menaçaient de la dissoudre, le gouvernement veut qu'il soit statué dans le plus bref délai possible sur le sort de tous les individus compromis dans les mouvements insurrectionnels ou les tentatives de désordres qui ont eu lieu le 2 décembre.

» Le gouvernement a pensé que, pour concilier à la

---

(1) *Moniteur* du 10 décembre.

fois les intérêts de la justice , de la sûreté générale et de l'humanité , il ne pouvait mieux faire que de conférer dans chaque département le jugement de ces inculpés à une sorte de tribunal mixte composé de fonctionnaires de divers ordres.

» Afin de laisser à ces commissions départementales une entière liberté d'appréciation , toutes les autorités , judiciaires, administratives ou militaires , qui ont pu jusqu'ici être chargées d'informer sur les derniers événements, sont , dès à présent , complètement dessaisies et doivent cesser leurs opérations.

« Voici comment sera composée la commission dans chaque département : au chef-lieu d'une division militaire , du commandement de la division , du préfet et du procureur-général ou procureur de la République ; au chef-lieu de cour d'appel , qui ne sera pas chef-lieu d'une division militaire , du préfet , du commandant des forces départementales et du procureur-général ; dans tous les autres départements , du préfet , du commandant et du procureur de la République du chef-lieu.

» Les mesures qui pourront être appliquées sont les suivantes :

» 1° Le renvoi devant les conseils de guerre.

» 2° La transportation à Cayenne.

» 3° La transportation en Algérie.

» 4° L'expulsion de France.

» 5° L'éloignement momentané du territoire.

» 6° L'internement, c'est-à-dire, l'obligation de résider dans une localité déterminée.

» 7° Le renvoi en police correctionnelle.

» 8° La mise sous la surveillance du ministre de la police générale » (1).

Trois ministres, celui de l'intérieur, celui de la guerre et celui de la justice, Persigny ou Fialin, St-Arnaud et Abattucci avaient signé cette monstrueuse circulaire. Le dictateur se cachait derrière ces trois hommes, interprètes de ses fureurs.

La conquête la plus impitoyable, l'invasion la plus désastreuse n'auraient pas exposé la République à des coups aussi douloureux. Cette armée de détenus dont l'usurpateur avait rempli les geôles était livré comme un butin à trois cents exécuteurs qui devaient les punir de leur fidélité à la loi. La tyrannie demandait au ciel de la Guyane et de l'Afrique d'achever l'œuvre sanglante qu'elle avait commencée dans la capitale, et comme la mort pouvait manquer à son appel au fond de ces exils, des têtes étaient promises à la guillotine.

Un pareil système de déportation et de bannissement n'avait encore été infligé à aucun peuple. Le bonapartisme se préparait à déchirer le sein de la France, comme s'il avait résolu de poursuivre jusque dans les entrailles de la nation les forces vivaces et impérissables de la République,

> *Immortale jecur tundens, fecundaque pœnis*
> *Viscera. (2).*

---

(1) *Moniteur* du 4 février.
(2) Virg. *Eneid.* lib. 6.

LIVRE V.

La proscription dans l'Assemblée nationale.

———

I.

Les premiers coups de cette dictature, qui allait décimer la France, devaient frapper naturellement les Représentants du Peuple que le coup d'État avait trouvés, pour ainsi dire, aux avant-postes de la République. C'était pour Louis Bonaparte la première jouissance de la victoire.

Prise en masse, l'Assemblée législative ne méritait guère de pareilles rigueurs. Quelle mollesse n'avait-elle pas montrée depuis trois ans, en face des envahisse-

ments du pouvoir exécutif! Jamais Parlement, sous
l'empire d'une Constitution populaire, ne fut aussi souple,
ni aussi docile.

Mais c'était l'Assemblée Nationale, c'est-à-dire la plus
puissante expression de la volonté du peuple, le premier pouvoir de l'État, la plus grande et la plus haute
figure de la République. Déchirée et meurtrie par la
main des soldats, elle vivait encore, malgré ses blessures,
dans chacun de ses membres. Ce n'était qu'une ruine
sans doute, mais une ruine pleine de vie; car le droit
était avec elle et l'enveloppait, pour ainsi dire, jusque
dans sa chute.

D'ailleurs, si la plus grande partie de ce parlement,
infidèle à la République, avait servi par ses complaisances la cause du dictateur, il s'était rencontré dans
son sein une forte minorité qui avait défendu pied à
pied, comme une seconde patrie, les institutions républicaines. C'est cette minorité qui signala si souvent
à la tribune les desseins criminels de l'Élysée. C'est elle
qui voyant chaque jour Louis Bonaparte marcher vers
la dictature, à travers les ruines de nos libertés, demanda
plus d'une fois que le magistrat prévaricateur fut traîné
devant la haute cour de justice. C'est elle qui, au moment
du crime fournit les soldats les plus résolus et les plus
énergiques à la cause du droit, lâchement pris dans
un piége. Que de motifs de haine pour le dictateur! et
avec quel plaisir ne devait-il pas frapper ces gardiens
importuns de la Constitution!

Plusieurs membres de la majorité, de cette majorité

hostile au gouvernement républicain, avaient trouvé eux-
mêmes le moyen de déplaire à Louis Bonaparte.

Le général Changarnier s'était montré bien complaisant
depuis le 10 Décembre jusqu'aux revues de Satory. Ne
l'avait-on pas vu le 29 janvier investir brusquement
l'Assemblée constituante et donner une première représentation du coup d'État? N'avait-il pas, au 13 juin, lancé ses
bataillons contre des citoyens désarmés qui s'abritaient
en vain derrière le pacte national? N'est-ce pas lui,
enfin, qui avait appris aux généraux à méconnaître la
voix du pouvoir législatif et à *tourner les talons,* quand
les Représentants du peuple appeleraient l'armée au
secours des lois? Que de force n'avait-il pas prêté à Louis
Bonaparte! Mais toutes ces complaisances étaient oubliées.
Le général lui-même en avait effacé le souvenir. Il avait
souri dans les derniers temps au nom de Monck que lui
offraient publiquement les partis royalistes, comme s'il avait
songé à rejeter dans l'ombre, avec ses vices et ses dettes,
un autre héritier de Cromwell. Et quelle fierté, quelle
insolence ne montra-t-il pas dans cette séance, où se
plaçant entre le Parlement et l'Élysée, il parla avec un
mépris suprême du César et des prétoriens, dont le fantôme se dressait déjà devant la tribune! Le complice
d'autrefois s'était transformé en ennemi. Il ne pouvait
pas, il ne devait pas échapper aux coups du maître.

Il en était de même de Thiers. Il avait aussi donné
longtemps la main au pouvoir exécutif pour battre en
brèche la Constitution et la République. C'était l'un
des auteurs de cette loi du 31 mai qui avait coupé la

France en deux moitiés et qui devait permettre à Louis Bonaparte de paralyser le peuple en se levant un jour contre l'Assemblée au nom du suffrage universel. Il n'avait passé, depuis trois ans, devant aucune institution républicaine, sans lui donner publiquement un ou deux coups de pied, comme un aristocrate de vieille souche. Garde nationale, liberté de la presse, droit de réunion ou d'association, enseignement public, il avait tout livré pour ramener la France en arrière. Aucun traîneur de sabre n'avait exalté autant que lui, il se croit général! cette obéissance passive qui vole au soldat sa conscience et le chasse de l'humanité pour le mettre au rang des machines, parmi les obus et les boulets. Mais qu'importaient tous ces services! Après avoir refait la monarchie dans les lois, derrière le masque de Louis Bonaparte, l'ancien ministre de la royauté avait rompu ouvertement avec le prétendu neveu de l'Empereur. Il avait repris son langage d'autrefois. Louis Bonaparte était encore pour lui *un aventurier, un fou, une tête de bois*, dans laquelle aucune idée raisonnable n'avait chance d'entrer. La tête de bois était maîtresse, et elle ne pouvait pas raisonnablement laisser en liberté celui qui la traitait avec si peu de déférence.

D'autres griefs s'élevaient contre Jules de Lasteyrie, Charles de Remusat et Chambolle.

Le premier avait flétri du nom de *coquins*, aux applaudissements de l'assemblée, les membres de la société du Dix Décembre, ces janissaires secrets que Louis Bonaparte traînait à sa suite.

Le second avait défendu avec énergie les droits du parlement contre les usurpations de l'Élysée.

Le troisième avait mis plus d'une fois au jour dans la feuille qu'il dirigeait, les trames souterraines du bonapartisme.

Autant d'adversaires, autant de coups à frapper.

La majorité et la minorité se trouvaient ainsi confondues à divers titres dans les haines de Louis Bonaparte. Ce qui lui déplaisait dans l'une, c'était le culte de la République. Il poursuivait dans l'autre le rêve menaçant d'une monarchie qui lui fermait le chemin de l'Empire. Son gouvernement s'était heurté plus d'une fois à ces deux forces contraires dans le sein de l'Assemblée Nationale. Il s'était jeté dans l'aventure du coup d'État pour les briser et les détruire. Comment ne les aurait-il pas poursuivies après leur chute ?

Malgré ses mauvais éléments, l'Assemblée avait tenu plus d'une fois en échec l'ambition de Louis Bonaparte. Devenu maître par un crime, Louis Bonaparte devait s'acharner jusque sur les restes de ce grand corps.

II.

La plupart des Représentants arrêtés, le jour de l'attentat, par des soldats à moitié ivres, avaient été mis en liberté. Il n'en restait, dans les premiers jours de février, qu'une trentaine sous les verroux.

Il y en avait six à Ham. Une voiture cellulaire les y

avait transportés. avec deux de leurs collègues, dans la nuit du 4 décembre. C'étaient les représentants Baze, Bedeau, Changarnier, Charras, Lamoricière et Leflô.

Vingt-cinq étaient renfermés à Ste-Pélagie. Ils avaient été recrutés et comme choisis dans les autres prisons de la capitale et dans les forts. Quelques-uns venaient du donjon de Vincennes; plusieurs sortaient du Mont-Valérien; les cellules de Mazas, les salles infectes de la Conciergerie et les antres de la Préfecture de police avaient fourni le reste. Il était facile de voir qu'ils avaient été groupés dans la prévision d'une destinée commune. C'étaient les Représentants Belin, Bourzat, Burgard, Besse, Cholat, Colfavru, Chaix, Delbetz, Dufraisse, Faure, Cambon, Greppo, Lafon, Lagrange, Laboulaye, Latrade, Madet, Nadaud, Pascal Duprat, Perdiguier, Racouchot, Richardet, Renaud, Thouret et Valentin.

Deux autres représentants, Émile Péan et Miot, avaient été transférés, le premier à Orléans et le second à Bourges où les magistrats de Louis Bonaparte comptaient les prendre dans les ramifications de quelque société secrète.

Enfin le représentant Baune avait été laissé à Mazas où le retenait une maladie douloureuse qui semblait le disputer à la proscription.

III.

Des délibérations s'ouvrirent vers la fin de décembre sur

le sort de ces prisonniers. Le débat se prolongea, si l'on peut appeler de ce nom l'exécution, à huis-clos, des inviolables mandataires de la souveraineté nationale.

Il ne s'agissait pas seulement pour Louis Bonaparte et ses complices de satisfaire des rancunes longtemps impuissantes. Une autre pensée les animait. Ne fallait-il pas prouver à la France et à l'Europe que le crime du 2 Décembre les avait sauvées d'un grand danger? Et dès lors, quoi de plus naturel que de frapper impitoyablement sous leurs yeux les chefs des nouveaux barbares, les capitaines des *Jacques*, ces ennemis farouches de la civilisation qui avaient été surpris, par un coup de main, mais qui n'étaient encore qu'à demi vaincus?

La question fut agitée pendant plusieurs jours entre Louis Bonaparte et les ministres qu'il avait associés à la dictature. C'était le *Conseil des troubles* transporté en France, à la clarté du 19e siècle, avec ses rigueurs et ses colères.

Après bien des résolutions contradictoires, il fut décidé que les représentants détenus seraient divisés en trois catégories.

Les uns devaient être déportés à Cayenne, avec l'écume des bagnes.

Les autres seraient expulsés à jamais du territoire de la République et des colonies.

On éloignerait les derniers pour un temps plus ou moins long, suivant les intérêts de la politique bonapartiste.

IV.

Mais le nombre des victimes ne parut pas assez considérable. Les proscripteurs voulurent y joindre d'autres noms.

Scène étrange autant qu'odieuse ! Ces hommes d'État du crime et du hasard, qui s'étaient glissés dans la dictature pendant la nuit, comme ces animaux immondes qui ne s'aventurent qu'au milieu des ténèbres, vont se partager secrètement, au fond d'un palais, les législateurs de la République.

Louis Bonaparte fait sa part des généraux dont l'influence effrayait son ambition. Il y ajoute les orateurs qui ont signalé plus d'une fois du haut de la tribune ses entreprises criminelles.

Ses ministres se jettent sur les autres. Après l'orgie du maître, celle des valets. Quel déchaînement de haines, de rancunes et de vengeances ! Les complices de Louis Bonaparte ne se contentent pas d'assouvir leurs propres ressentiments. Ils servent les colères de leurs amis. On parlait au ministre de la justice d'un représentant qu'une amitié généreuse voulait dérober aux coups de la proscription. « Je le lâcherais volontiers, répond cyniquement Rouher ; mais Parrieu s'y oppose. »

Quelques noms sont disputés à l'exil dans ce déchaînement honteux des plus mauvaises passions. La plupart sont livrés sans débats. Louis Bonaparte avait dit à sa cousine qui voulait un jour l'arrêter dans cette carrière de violences : « Je vous passe vos amours , passez-moi mes haines. » Chacun de ses ministres semble dire à son collègue : « Voici mes victimes ; prenez les vôtres. »

Le ministre de l'instruction publique , cet ancien admirateur d'Alibaud , réclame et obtient le général Laydet. « Il serait , dit Fortoul , un embarras et un danger dans le département des Basses-Alpes. » Ni l'âge du général , ni ses infirmités , ni ses services , ni les rigueurs de l'emprisonnement qu'il a subi à Mazas , à Vincennes et à Sainte-Pélagie ne peuvent l'enlever aux rancunes de ce méchant rhéteur.

Un second ministre , Magne , profite aussi de l'occasion pour frapper Chavoix dont l'influence le gêne dans son département. Chavoix n'avait point paru à l'Assemblée depuis la prorogation. Il avait été enlevé à la politique par une de ces douleurs de famille qui envahissent l'âme tout entière et ne laissent aucune place aux passions du dehors. Magne va le prendre en quelque sorte au tombeau de son fils , pour le jeter en exil.

Charles de Rémusat est réclamé et livré par deux rivaux de haine qui expient ainsi d'anciennes relations. Il succombe à la fois sous les coups de Morny et sous ceux de Ducos. Comment en douter ?

« Je voulais le sauver , disait Morny le lendemain; mais Ducos a insisté avec tant de force qu'il a entraîné le ministère. »

«Sans Morny, disait de son côté Ducos, je le dérobais à

7

l'exil ; mais Morny l'a réclamé au nom du salut public et il a fallu céder »

Singulière hypocrisie de clémence et de générosité au milieu même des fureurs de la proscription ! Ce sera dans l'histoire l'un des caractères les plus hideux du gouvernement de Louis Bonaparte.

V.

La liste des représentants qui doivent être bannis, s'est chargée suffisamment au gré du dictateur et de ses conseillers. Elle comprend environ la sixième partie des membres du Parlement. C'est une cargaison raisonnable. Il ne s'agit plus que de la jeter dans les voitures ou sur les vaisseaux qui doivent l'emporter loin de la France.

Mais ici l'irrésolution reparait et les délibérations recommencent.

Il y a trois degrés, trois catégories dans la proscription.

Comment partager les victimes ? Qui enverra-t-on à Cayenne ? Pour qui l'ostracisme perpétuel ? et pour qui le bannissement temporaire ?

Les noms des Représentants proscrits sont soumis à une nouvelle épreuve. Ils sont distribués par groupes. On les range, on les classe pour les besoins de la pénalité à laquelle ils sont promis. Les passions, le caprice et le hasard les promènent d'une catégorie dans une autre. Ils errent de peine en peine, sous la main des proscripteurs. Un jour, Cayenne les prend ; le lendemain, c'est l'exil à temps ou à vie. Ils oscillent dans une sorte de tempête entre des rivages opposés et des mondes contraires. C'était comme une image de cette autre tempête qui attendait le premier convoi de proscrits à bord du *Canada,* pour les balotter au milieu des vagues, entre la France qu'ils quittaient à peine et cette horrible Guyane qu'ils apercevaient à travers l'Océan.

Le général Changarnier est classé pendant quelques jours dans la catégorie de Cayenne. On change ensuite d'avis. Comment justifier en effet aux yeux de la France et de l'Europe une pareille mesure ?

Il en est de même du colonel Charras. Il reste plus longtemps, il est vrai, sur la liste fatale ; mais il en est également écarté, parce qu'il paraît plus habile de ne pas heurter trop ouvertement certaines sympathies militaires que l'ivresse du 2 Décembre n'a pas dû entièrement détruire.

Quelques autres représentants destinés, comme eux, à cet exil mortel, finissent par lui échapper. C'est le même calcul qui les protège. La politique du dictateur les prend d'une main et les relâche de l'autre.

Ces difficultés durent longtemps et plusieurs fois les résolutions sont changées.

On prend, un jour, le parti de déporter en masse tous les représentants incarcérés à Sainte-Pélagie. Ils n'avaient été groupés et détenus si longtemps que dans cette pensée.

Un autre jour, on s'arrête aux noms suivants : Benoit, Colfavru, Dufraisse, Faure, Greppo, Lagrange, Mathé, Miot, Nadaud, Perdiguier, Richardet et Valentin. Le commandant du *Canada* était prévenu. « Quand partons-nous ? lui demandait l'un des déportés. — Au premier moment, demain peut-être ; j'attends M. Dufraisse, M. Greppo et dix autres représentants envoyés, comme vous, à Cayenne. Nous prendrons le large aussitôt après leur embarquement. »

Plus tard, on renonce à cette liste qui avait été calculée avec une certaine habileté, pour faire croire qu'il ne s'agissait, dans l'esprit du gouvernement, que de jeter la démagogie à la mer.

VI.

Après toutes ces incertitudes, les représentants voués à la proscription se trouvent ainsi classés :

CONDAMNÉS

A la déportation à Cayenne.

DUFRAISSE, DE LA DORDOGNE.

GREPPO, DU RHÔNE.

MATHÉ, DE L'ALLIER.

MIOT, DE LA NIÈVRE.

RICHARDET, DU JURA.

CONDAMNÉS

Au bannissement perpétuel.

BAC, DE LA HAUTE-VIENNE.

BANCEL, DE LA DRÔME.

BAUNE, DE LA LOIRE.

BELIN, DE LA DRÔME.

BESSE, DU TARN.

BENOIT, DU RHÔNE.

BOURZAT, DE LA CORRÈZE.

BRIVES, DE L'HÉRAULT.

BRUYS, DE SAÔNE-ET-LOIRE.

BERTHOLON, DE L'ISÈRE.

BOYSSET, DE SAÔNE-ET-LOIRE.

BANDSEPT, DU BAS-RHIN.

BURGARD, DU HAUT-RHIN.

CASSAL, DU HAUT-RHIN.

CHARRAS, DU PUY-DE-DÔME.

CHAVOIX, DE LA DORDOGNE.

COMBIER, DE L'ARDÈCHE.

CHOLAT, DE L'ISÈRE.

COLFAVRU , DE SAÔNE-ET-LOIRE.

CHARRASSIN , DE SAÔNE-ET-LOIRE.

DUCHÉ , DE LA LOIRE.

DULAC , DE LA DORDOGNE.

DUPONT , DE L'ISÈRE.

DUSSOUBS , DE LA HAUTE-VIENNE.

ENNERY , DU BAS-RHIN.

ESQUIROS , DE SAÔNE-ET-LOIRE.

FAURE , DU RHÔNE.

DE FLOTTE , DE LA SEINE.

GAMBON , DE LA NIÈVRE.

GUILGOT , DES VOSGES.

GUITER , DES PYRÉNÉES ORIENTALES.

HUGO , V. , DE LA SEINE.

HOCHSTÜHL , DU BAS-RHIN.

JOLY , DE SAÔNE-ET-LOIRE.

JOIGNEAUX , DE LA CÔTE-D'OR.

LATRADE , DE LA CORRÈZE.

LAGRANGE , DE LA SEINE.

LABOULAYE , DU BAS-RHIN.

LAFON , DU LOT.

LAMARQUE , DE LA DORDOGNE.

LEFRANC , PIERRE , DES PYRÉNÉES-ORIENTALES.

LEROUX , JULES , DE LA CREUSE.

MAIGNE, FRANCISQUE, DE LA HAUTE-LOIRE.

MALARDIER, DE LA NIÈVRE.

MATHIEU, DE LA DRÔME.

MILLOTTE, DE LA HAUTE-SAÔNE.

MADIER-MONTJAU, DE SAÔNE-ET-LOIRE.

MICHOT-BOUTET, DU LOIRET.

NADAUD, DE LA CREUSE.

PERDIGUIER, AGRICOL, DE LA SEINE.

PARFAIT, NOEL, D'EURE-ET-LOIR.

PÉAN, ÉMILE, DU LOIRET.

PELLETIER, DU RHÔNE.

RACOUCHOT, DE SAÔNE-ET-LOIRE.

RENAUD, DES BASSES-PYRÉNÉES.

RASPAIL, DU RHÔNE.

ROSELLI-MOLLET, DE L'AIN.

SCHOELCHER, DE LA GUADELOUPE.

SAVOYE, DU HAUT-RHIN.

SIGNARD, DE LA HAUTE-SAÔNE.

St-FERRÉOL, DE LA HAUTE-LOIRE.

SOMMIER, DU JURA.

TESTELIN, DU NORD.

TERRIER, DE L'ALLIER.

VALENTIN, DU BAS-RHIN.

VIGUIER, DU CHER.

CONDAMNÉS

Au bannissement temporaire.

BAZE, DE LOT-ET-GARONNE.

BEDEAU (LE GÉNÉRAL), DE LA LOIRE-INFÉRIEURE.

CHANGARNIER (LE GÉNÉRAL), DE LA SOMME.

CHAMBOLLE, DE LA SEINE.

CRETON, DE LA SOMME.

CHAUFFOUR, VICTOR, DU BAS-RHIN.

DUVERGIER DE HAURANNE, DU CHER.

DE GIRARDIN, ÉMILE, DU BAS-RHIN.

DE LASTEYRIE, JULES, DE SEINE-ET-MARNE.

LAMORICIÈRE (LE GÉNÉRAL), DE LA SARTHE.

LAYDET (LE GÉNÉRAL), DES BASSES-ALPES.

LEFLO (LE GÉNÉRAL), DU FINISTÈRE.

PASCAL DUPRAT, DES LANDES.

QUINET, EDGAR, DE L'AIN.

THIERS, DE LA SEINE-INFÉRIEURE.

THOURET, ANTONY, DU NORD.

VERSIGNY, DE LA HAUTE-SAÔNE.

On n'avait pas à craindre que les premiers revinssent du lieu de leur déportation. C'était une tombe que la main de Louis Bonaparte venait de sceller sur eux.

Les seconds, en reparaissant sur le sol de la patrie, s'exposaient à être déportés à Cayenne ou à Lambessa.

Quant aux derniers, ils ne pouvaient rentrer en France ni en Algérie qu'en vertu d'une autorisation spéciale du président de la République, c'est-à-dire qu'après avoir baisé la main du tyran.

VII.

Le gouvernement devait justifier à sa manière le triple ostracisme dans lequel il enveloppait une partie de l'Assemblée Nationale. Voici comment il a expliqué ces trois catégories pénales.

« Dans la première, dit-il, figurent les individus convaincus d'avoir pris part aux insurrections récentes.

» Dans la seconde se trouvent les chefs reconnus du socialisme.

» Dans la troisième sont compris les hommes politiques qui se sont fait remarquer par leur violente hostilité au gouvernement. » (1)

C'était à peu près le même mensonge sous trois formes différentes.

La dernière catégorie comprenait, il est vrai, des ennemis irréconciliables du gouvernement, parce qu'ils vou-

_____

(1) *Moniteur* du 10 janvier.

laient avant tout la République. Mais ce titre ne convenait guère à des représentants, tels que Baze, Creton et Thiers. N'avaient-il pas suivi depuis longtemps la politique de Louis Bonaparte? Et ne l'appuyaient-ils pas encore tous les jours dans ses entreprises contre les institutions républicaines?

Il n'était pas plus exact de présenter comme chefs du socialisme les membres de la seconde catégorie. Soit oubli, soit ignorance, soit mépris de l'opinion publique, les véritables interprètes des écoles socialistes ne figuraient point dans leurs rangs. On avait déjà tourné le mot contre la République; il s'agissait maintenant de s'en servir au profit de cette dictature qui venait de naître d'une fraude sanglante. Louis Bonaparte répondait ainsi au mot affreux de Montalembert qui lui avait dit au nom de ses amis, quelques jours avant le coup d'État: « Déportez la minorité socialiste et cinq minutes après nous serons avec vous. »

Mais le mensonge a été surtout grossier pour la troisième catégorie. A quelle insurrection avaient pu se mêler ces mandataires du Peuple? La trahison du premier magistrat de la République ne leur avait pas même donné le temps de s'armer pour la défense des lois. Ils avaient été enlevés dans la nuit ou dans la matinée du crime. L'un d'entr'eux n'avait pas quitté son lit depuis plusieurs semaines. Il fallut le transporter de sa chambre en prison, et la maladie, une maladie dangereuse, l'a disputé longtemps aux colères du dictateur et de ses complices, comme si la nature, même dans ses rigueurs, voulait paraître meilleure que les hommes. Ce n'étaient pas leurs actes qui étaient frappés. L'ostracisme s'adressait à leurs noms qui devaient une sorte de célébrité aux injures des feuilles monarchiques.

Le président de la République révélait lui-même, quelques jours après, le secret de cette proscription qui jetait à la mort cinq Représentants du peuple, pleins de jeunesse et de vie.

Une femme illustre, Mme Sand, s'intéressait à l'un des déportés qui avait été préfet de l'Indre, et qui, pendant son administration, l'avait défendue contre des violences que la haine des vieux partis cherchait à soulever autour d'elle. Ce sentiment la conduit auprès du dictateur. Un autre sentiment l'y poussait peut-être. Aborder la tyrannie dans l'ivresse même de la force, lui parler librement et avec cette sorte d'égalité que proclamait Voltaire entre les princes et les poètes, la contenir ou la modérer par la puissance et le charme de sa parole, quel rôle pour une femme! et comme il devait plaire à l'imagination qui a fourni au roman moderne de si puissantes figures! Cette belle et riche imagination semblait oublier malheureusement qu'on ne conduit pas les muses dans la caverne de Cacus.

Mme Sand se présente à l'Élysée. Louis Bonaparte l'accueille avec toute la grâce que comporte cette nature épaisse de Hollandais qui semble toujours patauger dans l'orgie de la veille.

Un entretien presque familier s'établit entre le dictateur et l'écrivain. « Je suis socialiste comme vous, dit Louis Bonaparte à l'auteur de *Lélia*.

— Pourquoi donc proscrire les socialistes? répond George Sand ; et comment Dufraisse est-il envoyé à Cayenne avec quelques-uns de ses collègues?

— Le gouvernement a dû les sacrifier à la bourgeoisie.

— Elle ne les réclamait pas.

— J'ai dû les lui sacrifier ; mais elle les paiera cher, ajouta-t-il avec une lenteur solennelle, comme s'il avait répété quelqu'une de ces maximes qui ont été faites à l'usage des despotes, et s'ouvrant encore davantage contre son habitude : « Je porterai, dit-il, à la bourgeoisie des coups dont elle ne se relèvera jamais. » Fausse et méchante bravade de César en train de plaire à la multitude.

Ainsi rien ne manquait à cette proscription, qui venait d'atteindre et de mettre en lambeaux, dans son inviolabilité, l'Assemblée nationale. Dissimulation et fourberie, calcul lâche et pervers, mépris des lois, injustice, cruauté, tous les vices et tous les crimes se donnaient la main pour dresser aux yeux de l'Europe cette première liste de victimes.

La proscription du 2 Décembre se montre, à son début, avec tous les caractères qui doivent lui assigner une place à part dans l'histoire. C'est la bête qui sort de son antre, conduite par son premier cornac, Louis Bonaparte!

LIVRE VI.

La proscription dans Paris et le département de la Seine.

I.

Heureux d'avoir proscrit les représentants du peuple qui devaient être ses juges, si la force n'avait trahi le droit, Louis Bonaparte a voulu frapper aussi de sa main les républicains de Paris.

Quatre commissions militaires, présidées par le général Bertrand, étaient chargées, comme on l'a vu, d'épurer la capitale au nom du bonapartisme. Le dictateur qui trouve dans la violence cette acre volupté, dont les hommes blasés font volontiers leur pâture, veut avoir les prémices de ces nouvelles fureurs.

Ce sera l'affaire d'un de ces décrets qu'il jette à la France au sein de ses orgies. Ses familiers assurent qu'il est lourd et lent comme un bœuf ; mais il improvise avec la facilité de Pradel, quand il s'agit d'écrire ces firmans qui volent la patrie, la fortune ou la liberté à des milliers de citoyens. Il a sous la main un infatigable héraut qui est chargé de promulguer ses colères. C'est le *Moniteur*.

Silence, esclaves et valets ! Voici la volonté du maitre qui passe en jetant partout au milieu de la foule des sentences d'exil et de mort.

II.

La liste des victimes, que Louis Bonaparte veut prendre dans la capitale, est bientôt arrêtée. Il a lui-même indiqué certains noms. Chaque ministre fournit les siens. Un premier essai les a formés. Ils n'hésitent plus. La proscription a déjà ses vétérans.

Que de noms sont groupés dans cette liste funèbre ! On en compte jusqu'à huit cents. Ils remplissent seize colonnes du journal officiel.

Des hommes étrangers les uns aux autres se trouvaient rapprochés pour la première fois dans les cadres de cette légion de proscrits. La tyrannie les avait pris un peu partout au sein de la capitale, pour les mettre côte à côte et les envelopper tous à la fois dans ses colères.

Les uns étaient de simples artisans, d'humbles ouvriers que le peuple avait tirés un jour de la foule, en les honorant de ses suffrages.

Les autres étaient des négociants, des manufacturiers, des banquiers, qui exerçaient autour d'eux cette influence que donne toujours la richesse.

Quelques-uns avaient joué un grand rôle politique depuis la Révolution de Février.

La plupart appartenaient à ces professions libérales, dont l'empire se fait toujours sentir parmi nous, parce qu'elles sont, dans nos temps modernes, les seules grandes écoles de l'homme public.

On y distinguait surtout un grand nombre d'écrivains, journalistes, historiens et philosophes, occupant chacun son rang et sa place dans ce monde des idées auquel la force fait toujours la guerre, mais qui finit toujours par triompher de la force et de ses aveugles séides.

Ils avaient quelque chose de commun dans cette diversité de fortunes, de talents ou de caractères : le même lien les rattachait les uns et les autres à la cause de la Démocratie. Ils étaient tous républicains ou du moins soupçonnés de l'être.

Parmi ces proscrits figuraient la plupart des *Amis de la Constitution*, accusés par le bonapartisme d'un respect factieux pour le pacte fondamental de la République.

A côté d'eux venaient les rédacteurs du *National*, de la *Révolution*, de l'*Événement* et quelques écrivains échappés au naufrage du *Peuple* et de la *Réforme*.

Louis Jourdan y représentait le *Siècle*, Eugène Pelle-
tan la *Presse*, Amédée Jacques la *Liberté de penser*.

Deux présidents de l'Assemblée Constituante, Buchez et
Marie, s'y trouvaient compris avec quelques ministres de la
République, Vaulabelle, Recurt, Bastide et Goudchaux.
Armand Marrast y manquait. La proscription l'avait
abandonné à la mort qui était en train de le prendre.
On s'entend entre oiseaux de proie !

Le barreau y comptait plusieurs victimes, Martin de
Strasbourg, ce puissant interprète du droit, Landrin,
Desmarest, Dubois et Rivière.

Michelet, l'historien enthousiaste de la Révolution,
le chroniqueur inspiré du peuple, y expiait les har-
diesses de sa pensée.

On lui avait donné pour compagnon un autre historien, Henri Martin, qui a le tort, comme lui, de
semer les idées généreuses à travers l'histoire et de
conduire triomphalement le peuple jusqu'à la tribune de
la Convention.

Littré, le grave et savant Littré, y était sacrifié avec
Jules Simon à la haine de l'*idéologie*, comme on disait
du temps de l'oncle. Quoi de plus dangereux en effet
pour les tyrans que cette fière et noble philosophie qui
porte la main sur les institutions et sur les lois, pour
les *ajuster au niveau de la raison*, comme disait Des-
cartes, notre père à nous tous révolutionnaires !

Quelques-uns de ces proscrits s'étaient livrés eux-
mêmes, pour ainsi dire, aux fureurs du bonapartisme.
La proscription n'avait pas eu besoin de les chercher.

L'éclat de leurs noms ou de leurs travaux les désignaient naturellement aux coups de la dictature. Louis Bonaparte et ses ministres en avaient fait leur proie. C'était le gros lot : il appartenait aux chefs de la bande.

D'autres, moins connus, avaient été indiqués par la police, habituée depuis trois ans à surveiller et à suivre dans leurs mouvements les plus secrets toutes les influences politiques.

Le reste avait été fourni par de honteuses et sales révélations.

Il avait été convenu entre Louis Bonaparte et ses principaux complices qu'on envelopperait dans cette proscription, avec les interprètes les plus éminents de la démocratie, les écrivains les plus obscurs du journalisme républicain, tous ces ouvriers laborieux et modestes de la presse, qui, bien souvent cachés dans un réduit, n'en agitent pas moins, du fond de leur obscurité, toutes les forces de l'opinion publique. Comment saisir tous ces soldats de la pensée républicaine ?

Un homme se charge de les livrer. Son nom est Laurent. Il commença sous la monarchie par rédiger au fond de la province un journal légitimiste avec Arthur Laguéronnière : deux corruptions sorties du même berceau ! Le valet de plume mit bientôt de côté la livrée du Duc de Bordeaux et passa au service de la famille d'Orléans. C'était un courtier discret et mystérieux. Courtier de quoi ? Courtier de tout, pourvu que l'or excitât son zèle. Il revient un jour de Londres après un voyage de quelques semaines et il obtient coup sur

8

coup la croix de la légion d'honneur, une direction des
postes, quelques bourses de collége et deux places à
St-Denis, dans ce magnifique établissement, où la patrie
élève à ses frais les filles des légionnaires. Qu'avait-il
fait au-delà du détroit? Il était parvenu à s'emparer
de ces lettres qui avaient passé d'une cassette de Tal-
leyrand dans les mains d'une femme, devenue célèbre
à force de scandale, et il les avait rapportées à Louis-
Philippe.

La révolution de Février le précipite du haut de sa
fortune avec la royauté.

Il disparait pendant quelque temps pour se montrer
de nouveau à la suite des partis royalistes conjurés
contre la République. On le voyait à cette époque dans
l'une des salles du palais de l'assemblée, écoutant aux
portes du parlement, quêtant toute sorte de nouvelles
et vendant aux journaux monarchiques des notes diffa-
matoires contre les républicains.

L'Élysée devait s'ouvrir devant ce zèle à toute épreuve.
Le nouvelliste mercenaire y pénètre avec son bagage de
ruses, de services honteux et de filouteries. Mais il abuse
un jour de la confiance du maître et il est éloigné brusquement de cette grande caverne de fripons. Le coup d'État l'y
rappelle. Ce n'était pas trop de toutes les consciences
vénales, de tous les cœurs corrompus pour ce grand attentat
contre la République. Le ministère de la police est à peine
constitué que l'ancien agent orléaniste est installé dans
ses bureaux.

Comment s'y est-il introduit? A quel titre y siége-t-il?

Quel est le rôle qu'il y joue? Il y est arrivé avant le ministre. La bête est là dans sa tannière. Ces ténèbres rendent à Laurent son crédit et sa fortune. La proscription devient sa richesse. Il fait arrêter, un jour, un receveur, qui venait d'arriver à Paris, pour pouvoir trafiquer de sa place.

C'est à lui que la police a recours pour compléter ce martyrologe d'écrivains et de journalistes que préparait Louis Bonaparte. Il avait vécu à côté d'eux; il avait été mêlé, dans son rôle subalterne, à leurs travaux et à leurs habitudes. Qui pouvait les désigner d'une main plus sûre? La proscription les lui demande. Il les aurait offerts, s'il y avait songé plus tôt; il les donne ou pour mieux dire, il les vend; il jette dans la gueule du monstre toute cette phalange d'écrivains, de publicistes, de pamphlétaires, qui servaient de leur plume, comme d'une épée, la cause de la Révolution.

Ainsi avait été dressée, pour les plaisirs du dictateur et de ses séides, toute cette liste de proscrits.

III.

Il ne restait qu'à lancer l'odieux décret qui devait chasser de la patrie, comme des étrangers, cette phalange de citoyens. Louis Bonaparte l'a déjà signé. Mais au moment de l'envoyer au *Moniteur*, il hésite, il recule.

On lui a dit que la première liste de proscription, qui condamnait à l'exil une centaine de représentants du peuple, a causé dan Paris une émotion profonde. Peut-être serait-il imprudent de donner aux esprits une nouvelle secousse. La pitié a sa puissance; l'âme humaine, quand elle est trop déchirée , est prête à toutes les explosions.

Ces orages de la commisération publique , qui grondent au fond des consciences, épouvantent le dictateur. Il garde le décret dans ses mains, en attendant un moment plus favorable. Le décret , déjà tué avant de naître , est resté dans ses limbes. Ce n'est qu'un crime de plus dans la pensée de Louis Bonaparte.

Quand Sylla eut publié sa première liste de proscrits , il s'éleva aussi une immense clameur dans Rome. L'indignation était générale au rapport de Plutarque , et le tyran dut attendre avant de frapper de nouveaux coups. (1)

Louis Bonaparte n'a pas imité complètement Sylla. Il avait frappé une fois avec éclat ; mais il n'a pas osé recommencer. Après avoir goûté le plaisir de la vengeance , il a trouvé plus prudent et plus habile de glisser le glaive de la proscription dans les mains de quelques agents , appelés à servir dans l'ombre, comme des muets, les calculs et les rancunes de sa politique.

IV.

Ces agents choisis dans l'armée par la main de Saint-

---

(1) Plut. *Vie de Sylla* , chap. 59.

Arnaud forment quatre Commissions qui du fond de leurs ténèbres, statuent, comme il leur plait, sur le sort des habitants de la première ville du monde. Ils ne jugent pas ; ils frappent, ils exécutent. Le bonapartisme les a mis en faction dans sa guérite de bandit, pour arrêter au passage les républicains et l'en débarrasser.

Première Commission.

JOUFFROY, chef d'escadron.
CHÉPY, capitaine.
RÉGIS, capitaine.

Deuxième Commission.

BERTRAND, chef d'escadron.
DE BROSSARD, capitaine.
TRONSENS, capitaine.

Troisième Commission.

COUTHAUD, chef d'escadron.
DE SAINT-SAUVEUR, capitaine.
BOUVARD, capitaine.

Quatrième Commission.

MASSONI, chef d'escadron.
ROZIER DE LINAGE, capitaine.
MERCIER, capitaine.

Tous ces officiers, à l'exception de Régis, Tronsens et Bouvard, ont été pris dans les rangs de cet état-major, qui forme une sorte d'oligarchie militaire, où poussent, plus qu'ailleurs, les généraux d'antichambre.

La proscription ne pouvait pas mieux choisir ses instruments. Elle s'adressait à l'intrigue, armée d'un sabre.

Deux hommes dominent et gouvernent ces comités ténébreux. C'est le général Bertrand et le juge Atton.

Pourquoi le juge Atton n'est-il pas général? Et pourquoi le général Bertrand n'est-il pas juge? Il est assez
difficile de le dire.

Le premier fait des grimoires, mais le second les signe.

Atton, il est vrai, n'a jamais gagné une bataille ; mais
on trouverait bien quelque sabre sous sa toge.

Bertrand, de son côté, ne sait vaincre que les blessés des
guerres civiles, ceux que la proscription ramasse après la
lutte, ceux qui tombent meurtris ou sanglants dans la
griffe des geôliers. C'est le grand capitaine de l'écrou.
Ses épaulettes ont pu voir le soleil ; mais elles ont une
odeur de prison et de cachot.

Du reste, même caractère, même rôle, même éclat
sinistre. Ce sont deux lueurs blafardes qui traversent
ensemble les hideuses obscurités de ces tribunaux militaires, déchaînés dans l'ombre sur le peuple de Paris.

V.

Les arrêts qui vont sortir du sein de ces Commissions
ne seront pas définitifs. Ils doivent être contrôlés par une
Commission supérieure, destinée à compléter ce mons-
trueux système. Il s'agit, en apparence, de ménager un

refuge aux victimes : mais ce n'est qu'un dernier traquenard, dans lequel le bonapartisme se réserve de prendre ceux de ses adversaires qui auront échappé aux proscripteurs recrutés avec tant de soin dans les rangs de l'état-major. Les trois administrations de la guerre, de l'intérieur et de la justice ont produit cette seconde fournée de bourreaux. Un renfort leur a été envoyé par le nouveau ministère de la police, qui s'inaugure dignement au milieu de ces exécutions.

St.-Arnaud s'est réservé la présidence de ce tribunal d'appel des vengeances bonapartistes. Voici les noms de ses collègues :

COURSON, colonel d'état-major.

MAZEL DE GOULOT, lieutenant-colonel d'état-major.

GUILLOT, sous-intendant militaire.

SENECA, directeur des affaires criminelles.

CONTI, secrétaire-général au ministère de la justice.

DUPUIS, chef de l'administration départementale.

LAISNÉ, chef de comptabilité à l'intérieur.

TONNET, directeur au ministère de la police.

METETAL, employé au même ministère.

Trois jeunes magistrats, attachés au tribunal de 1re instance, Brière-Valigny, Roussel et Treillard, servent de secrétaires à ces hauts exécuteurs.

VI.

Isolés et comme perdus dans la capitale, les prévôts

de caserne, qui marchent avec Atton et Bertrand, ont besoin qu'une main leur montre les victimes.

Le préfet de police, Piétri, et son maître, Maupas, se chargent de ce soin. Ils fouillent dans les dossiers de la monarchie pour frapper plus sûrement les démocrates. Ce seront des repris de justice qu'on pourra jeter à Cayenne.

Des renseignements sont fournis en même temps par le garde-des-sceaux et le ministre de l'intérieur.

Mais que de lâches dénonciations se glissent, comme des serpents, à travers ces notes que la politique bonapartiste ramasse dans tous les égouts ! Cet homme est un socialiste effréné : qu'on l'arrête ! Voici un écrivain dangereux qui professe les doctrines les plus détestables. Le laisserez-vous en liberté ? Ce citoyen vous a échappé. Vous ne le connaissez donc pas ? C'est un ennemi de Louis Bonaparte; c'est un rouge ! Prenez garde à ce marchand du coin : il a parlé dans les clubs ; il jouit d'une grande influence. Vite à Lambessa ou l'ordre est compromis. Arrêtez cet ouvrier : il joue un rôle important dans les sociétés secrètes. Cayenne le réclame.

Ces délations se renouvellent sous toutes les formes et arrivent par toutes les voies dans la main de Bertrand, d'Atton et de leurs collègues. Une gueule de lion suffisait à Venise pour recevoir ces révélations ténébreuses. Il en faudrait dix à Paris et encore la place manquerait-elle à ces torrents de haines et de mensonges qui courent vers la caverne des proscripteurs.

Les dossiers s'entassent et se multiplient. La main des commissaires puise au hasard dans ce tas confus de notes, qui semblent jetées là par un mauvais génie. Le même nom se produit plusieurs fois ; il est proscrit plusieurs fois avec une régularité toute militaire. Vous êtes condamné à l'exil ? Partez vite, fuyez !

Heu ! fuge crudeles terras, fuge littus avarum ! (1)

Fuyez, sans regarder derrière vous si la patrie vous suit. Il y a là peut-être un second dossier qui vous enverrait ce soir à Lambessa. Qui sait même si un troisième arrêt, frappant demain votre nom, ne vous exilerait pas de l'autre côté de l'Océan, sur le rivage mortel de la Guyane ?

VII.

CONDAMNÉS

A la déportation à Cayenne,

ABAZAERT, marchand de cristaux.

ALBERT, employé à l'Hôtel-de-ville.

AUSBURGER, mécanicien.

AGAR, chaudronnier.

ALLARD, boutonnier.

AUMANT, ébéniste.

ALLÈGRE, mécanicien.

(1) Virg. *Eneid.* lib. III.

Mêlé pendant la lutte aux défenseurs de la Constitution, Allègre avait accompagné jusqu'à Montmartre un groupe de républicains qui promenaient à travers les rues les cadavres de deux citoyens, lâchement assassinés par des soldats. Il se présente avec eux à la mairie, pour réclamer des armes. Le poste de la garde nationale, composé de bonapartistes, les accueille par une décharge meurtrière. Deux d'entr'eux roulent sur le pavé. Quelques-uns reçoivent des blessures plus ou moins graves. Une lutte s'engage ; les gardes nationaux sont désarmés. Allègre, dans cette mêlée de quelques instants, avait enlevé un poignard à l'un des amis du dictateur. Il a l'imprudence de le lui rendre. Le garde le retourne aussitôt contre lui et le frappe à la gorge. A son arrivée à Brest, Allègre souffrait beaucoup de cette blessure et il a dû être envoyé à l'hôpital.

BAUNE, aîné, frère du Représentant.

BARBELANNE, employé.

BEAUMONT, ex-commandant de l'Hôtel-de-ville.

BEAUZÉ, cordonnier.

Le jeune Beauzé a été arrêté en même temps que son père et il s'est vu exposé, comme lui, à toutes sortes de violences. Des agents se présentent pendant la nuit à leur domicile. Le vieillard leur ouvre la porte : ils se jettent sur lui comme des forcenés. Le fils veut le couvrir de son corps; il est assez heureux pour détourner les coups qui menaçaient son père ; mais il reçoit, dans la mêlée, un grand nombre de contusions et de blessures. Ses habits tombaient en lambeaux ; ses mains étaient ensanglantées. Les sbires l'entraînent avec son père, en les menaçant l'un et l'autre de deux coups de fusil. Ils n'avaient pris part à aucun évènement ; ils ne s'étaient mêlés à aucune lutte ; mais on les accusait d'avoir parlé avec irrévérence du nouveau dictateur.

BENOIT, CHRISTOPHE , cordonnier.

BUDAN, sculpteur.

BOUDET , employé à la Chancellerie.

BOGENKI , tailleur.

BIGOUETTE , ébéniste.

BARBAST , tailleur.

BOULANGER , chaussonnier.

BRACONNIER , ébéniste.

BRIZEDOUX , marchand de vins.

BERTHIER , marchand de comestibles.

BOITEUX , teinturier.

BAUVAIS , tailleur.

BAUDOIN , mécanicien.

BOULANGER , ÉMILE , cordonnier.

BOUVIER, blanchisseur.

BAZIN , tailleur.

BIGOIGNE , ébéniste.

BOCOUR , menuisier.

CHOLLET , ancien sous-officier.

Il y avait eu d'anciennes relations entre Louis Bonaparte et Chollet. Ce sous-officier était l'un des complices
que le conspirateur de Boulogne et de Strasbourg avait
recrutés, sous la monarchie, dans les rangs de l'armée.
Une correspondance s'était établie entr'eux, ce qui conduisit le jeune militaire en Afrique. Quelque temps après,
il se trouva mêlé au procès du docteur Conneau, qui
fut accusé, comme on sait, d'avoir favorisé l'évasion du
prisonnier de Ham. Louis Bonaparte, depuis son avènement à la présidence, avait oublié de le récompenser
de ses services. Il lui avait accordé bien des audiences,
mais aucune faveur. Chollet en était réduit à occuper
un emploi subalterne dans les bureaux d'un journal bonapartiste. Le mois de décembre arrive. Des agents apperçoivent Chollet dans un groupe et l'arrêtent. Quel
crime avait-il commis? Avait-il poussé à la resistance?
S'était-il mis du côté de la République contre le dictateur et ses aveugles séïdes? Avait-il seulement prononcé
quelque parole séditieuse contre le nouveau pouvoir? Il
en était accusé. On n'avait pas entendu les paroles qui
sortaient de sa bouche; *mais son geste était animé; il
s'agitait en parlant; sa figure avait un air révolutionnaire.* Il devait nécesairement avoir manqué de respect
au gouvernement de Louis Bonaparte.

CAHAIGNE, ex-rédacteur en chef de la *Commune.*

CARRÉ, professeur.

CARLIER, mécanicien.

COUVERCHEL, restaurateur.

CASTELINEAU, coiffeur.

CANTRELLE, cordonnier.

CONOR, jardinier.

CHAMBRIER, tapissier.

CABUS, marchand de vins.

COUDÈRE, ciseleur.

CAILLAUD, ex-commandant de la garde républicaine.

Des agents de police rencontrent Caillaud sur le quai de
l'École dans la journée du 4 décembre. Ils se précipitent
sur lui et l'entraînent vers la préfecture. Quelques-uns de
ces anciens gardes municipaux, qui ont pris place dans la
gendarmerie mobile, assistaient à cette scène. « Livrez-
nous ce brigand, disent-ils aux agents, nous allons le fusiller. — Pas encore, répondent les sbires ; il faut l'interroger auparavant. »

CELLIER, henri, marchand de vins.

COUTANT, chapelier.

DEVILLE, médecin, fils de l'ex-représentant du
peuple.

DELIGNY, dentiste.

DHONT, ébéniste.

DURRIEU, xavier, ancien Constituant, rédacteur en chef de la *Révolution*.

Un frère de X. Durrieu, employé au même journal,
a été jeté aussi sur les pontons.

DESLANDES , cordonnier.

DESRUES , marchand de vins.

DELENTE , bouquiniste.

DESESSART , maçon.

DUBOUILLON, marchand de papiers peints.

DEBEAUVAIS, employé au chemin de fer.

« Il avait des relations avec les conspirateurs allemands, » ont dit les commissaires de Louis Bonaparte.
Voici le secret de ces relations, Debeauvais avait été
chargé, l'année précédente, de transporter en Autriche
le corps de la mère du roi Charles-Albert. Il reçut deux
lettres du prince de Montéclar , qui le priait de faire les
préparatifs convenables. Ces lettres ont été trouvées dans
ses mains. La police du dictateur les a saisies. Elle y a vu
la trace d'un complot qui rattachait Debeauvais à la démagogie d'Outre-Rhin.

DELPECH , sculpteur.

DUCHOSEL , marchand de futailles.

DECOSSE , tailleur.

Une bande de prétoriens conduisait , le 1er janvier ,
au fort d'Ivry, une quarantaine de détenus. La colonne
marchait au grand pas. Decosse, qui en faisait partie, se
voit dans l'impossibité de suivre. C'est une âme énergique ; mais il serait difficile de trouver un corps plus
faible et plus chétif. Cette marche forcée brisait sa
pauvre machine. Les soldats le harcellent; ils le poussent

brutalement avec la crosse de leurs fusils ; mais il ne peut, malgré tous ses efforts, continuer le trajet. « Vous pouvez me tuer, dit-il aux soldats, il m'est impossible de marcher davantage. » Ses jambes fléchissent et il s'affaisse, comme si la vie allait l'abandonner. Quelques-uns de ses camarades l'entourent, le relèvent et l'entraînent par les bras ; ils le soutiennent dans les rangs jusqu'au terme de la course. Les soldats qui l'auraient égorgé, s'il avait dû manquer au convoi, le poursuivent de leurs ricanements et de leurs injures. « Mets-le sur ton sac, disait l'un d'eux à son voisin : tu auras là un beau singe. — Non, répond celui-ci ; je veux en faire un pain de munition, en le mettant au bout de ma bayonnette. » Et la cohorte toute entière accueillait ce dialogue par de sauvages applaudissements et des rires féroces.

DELUC, chef d'institution, ancien président du Comité socialiste.

DAIX, tambour-major de Boulogne.

DOUBLET, mécanicien.

DESCOMBES, sellier.

DREUX, ancien traiteur.

DURAND, marchand.

FEREGU, menuisier.

FINCEL, tailleur.

FONTAINE, restaurateur.

Le fils de Fontaine a été compris dans la condamnation qui frappait son père.

GARREAU , sculpteur.

GARDENBAS, secrétaire de la Montagne.

GASSELIN , marchand.

GODARD , tourneur en fauteuils.

GUÉRIN, mécanicien.

GUÉRIN , Auguste , libraire.

GUÉRIN , Théophile, chimiste.

Théophile Guérin arrivait des États-Unis au moment où Louis Bonaparte allait consommer son crime. Il était resté étranger aux mouvements et aux agitations de ces dernières années. Retiré à Puteaux, il y consacrait ses loisirs à l'étude de la chimie médicale. Sa maison est envahie après les journées de Décembre. Ses livres et ses papiers sont passés en revue. On trouve sur la table de son cabinet un ouvrage relatif à l'empoisonnement par l'arsénic et à la manière de le traiter. C'est assez pour le compromettre.

GUILLOT , graveur.

GOSSE , fabricant d'articles de voyage.

GAY , marchand de sangsues.

GÉRAUD , tailleur.

GAROT , maçon.

GOUTTÉ , tanneur.

GACHÉ, coutelier.

GOLLY , serrurier.

HIARDIN, ébéniste.

HUYOT , cafetier.

IBACH , restaurateur.

JACK, cocher.

JOLY , tailleur.

KESLER , homme de lettres.

KOECB, ébéniste.

LEMAITRE , AMABLE , journaliste.

LEROY , ancien notaire.

LEMERCIER , cafetier.

LAVAUX, courtier.

LEGENDRE , dessinateur,

LACHAMBAUDIE , poëte.

Que dirait aujourd'hui l'histoire, si Louis XIV avait proscrit Lafontaine et voulu le jeter avec des galériens, à deux mille lieues de la France , pour y périr dans l'isolement et la misère ? Lafontaine cependant avait fait les contes qui devaient déplaire au moins à Mme Maintenon. Il avait défendu contre les colères du roi le surintendant Fouquet. Lafontaine , épargné par Louis XIV , a été frappé par Louis Bonaparte. Il faut que le héros du 2 Décembre ait voulu poursuivre en lui l'un des représentants de ce parlementarisme qu'il a prétendu détruire , mais qui lui cause encore des insomnies. Le malencontreux fabuliste fait parler les bêtes, ce qui est évidemment un crime aux yeux de ce dictateur taciturne , qui prétend régner avec la majesté de la mort sur un peuple de muets.

9

LECOCQ, marchand de vins.

LEGROS, employé au chemin de fer.

LEJEUNE, instituteur.

LANY, horloger.

LECOMTE, officier retraité.

LEVOLLIER, tisserand.

LAVAUX, sellier.

LAGRANGE, JACQUES, agent d'affaires.

LAVIOLETTE, marchand de cuirs vernis.

LEFRANC, cafetier.

LEVAYER, ancien détenu politique.

Les juges de la monarchie avaient déjà frappé Levayer, avant la Révolution de février. C'était un blessé de nos luttes politiques. Il avait passé plusieurs années dans la citadelle de Doullens où Persigny alla le joindre après l'échauffourée de Boulogne. Les proscripteurs de décembre s'emparent de lui et le jettent sur les pontons. Quelques-uns de ses amis qui avaient échappé à la tempête font, à son insu, des démarches pour le sauver. Ils vont trouver son ancien compagnon de captivité, qui est devenu ministre et qui partage avec Louis Bonaparte les jouissances de la dictature. Ils s'adressent à ses anciens sentiments, aux souvenirs de la prison, à cette confraternité qui l'a rapproché, sous les verroux, du captif de Doullens. Le ministre paraît touché ; il promet de retenir Levayer et de l'arracher aux horreurs de Cayenne.

Une dépêche est en effet envoyée à Brest. Elle ordonnait d'enlever le proscrit et de le faire partir pour la Guyane. Levayer quittait bientôt après le sol de la France, avec un convoi de forçats. Le gouvernement de Louis Bonaparte, ce gouvernement de conspirateurs et defactieux, n'a pas rougi d'appliquer à ce vieux soldat du drapeau républicain, le décret qu'il a imaginé sur les repris de justice.

LEMAITRE , clerc d'avoué.

LANGLOIS , charbonnier.

LACROIX , instituteur.

LENOIR, ébéniste.

LEFEBVRE , PIERRE , menuisier.

LACAZE , journalier.

LAURENT , tailleur.

LIGNIÈRES , fabricant de châles.

LECLERCQ , chaussonnier.

LALLEMAND , cordonnier.

LECOMTE , MINOR , marchand de couleurs.

LACROIX , ébéniste.

LEMBRUN , marchand de vins.

LASSERRE , répétiteur.

LEJEUNE , gérant de la *Feuille du Peuple*.

LONGEPIED , ancien professeur.

Le même sort a été infligé au fils Longepied.

MAURIN , propriétaire.

MOSSARD , forgeron.

MAGEN, HIPPOLYTE, homme de lettres.

MOULINE , coiffeur.

Une lâche dénonciation a livré Mouline aux exécuteurs des hautes œuvres bonapartistes. C'est une femme qui l'a signalé à la police, pour pouvoir s'emparer, avec son amant, de l'établissement et de la clientèle du déporté.

MARCHAND , boulanger.

MORLAIN , décorateur.

MORAND , menuisier.

MORROND , cordonnier.

MONCEAUX , ouvrier tapissier.

Jacques Lagrange, venait d'être arrêté. Il prévient sa famille de son arrestation et demande en même temps un paquet de tabac. Monceaux, qui habitait la même maison, se charge de la course. Il se présente au corps-de-garde où Lagrange était renfermé ; mais il est retenu avec lui. Cette démarche l'a conduit sur les pontons.

NOEL , marchand de tabac.

NICOLAS , maçon.

NEVEU , ébéniste.

Il y a eu deux déportés de ce nom dans le premier convoi dirigé sur Cayenne : c'étaient le père et le fils.

PAUQUÉ , tailleur.

POLINOT , lieutenant retraité.

PEREL , marchand de vins.

PAILLEUX , coiffeur.

PAULUS , chapelier.

PRAQUIN , tabletier.

PESNEAU , ex-gardien de Paris.

PAGE , journalier.

PUGET , rédacteur de la *Ligue des Peuples*.

QUESNEL , imprimeur sur étoffes.

Au moment où les déportés recevaient l'ordre de quitter Brest, Quesnel était retenu à l'hôpital par une maladie qui exigeait un traitement énergique. Plusieurs autres détenus , entr'autres Debeauvais , Moulin et Pauqué se trouvaient dans le même cas. Les membres du conseil de santé, plaçant l'humanité au dessus de la politique , déclarent loyalement que les malades sont dans l'impossibilité de partir , qu'ils ne résisteront pas aux fatigues de la transportation et qu'on risque de livrer autant de cadavres à l'Océan. Le rapport arrive entre les mains du préfet maritime; il l'approuve; mais voulant mettre à couvert sa responsabilité , il transmet son avis au ministre par une dépêche télégraphique.

Deux heures après le télégraphe lui rapportait ces paroles qui semblaient tomber des lèvres de quelque bourreau : « Qu'on embarque tous les malades de l'hôpital, quel que soit le degré de leur maladie. » L'ordre est exécuté, malgré la généreuse résistance des médecins qui finissent par arracher deux victimes à cette pros-

cription impatiente et furieuse. Ce sont les forçats qui
enlèvent les malades sur des civières. Etrange spectacle!
Ils semblaient émus eux-mêmes et presque honteux de
servir d'instrument à tant de barbarie.

QUÉNARD, tailleur.

ROPINAU, peintre.

REGNAULT, docteur en médecine.

RIVIÈRE, avocat.

L'avocat Rivière était absent de Paris au moment du
coup d'État. Un de ces procès de presse, dans lesquels
il atteignait à l'éloquence politique, l'avait appelé dans
les départements. On l'arrête à son retour et on le traîne
au fort d'Ivry. Il est dirigé sur le Hâvre avec les
autres déportés. Il allait être jeté sur les pontons quand
un ordre expédié de Paris l'enlève à Cayenne. Cet ordre
venait trop tard. Le régime des casemates avait tué Rivière, qui n'est rentré à Paris que pour y mourir au
bout de quelques jours.

SALLE, mécanicien.

SUIN, bijoutier.

SCHMIT, tailleur.

SNELLAERT, ébéniste.

THOMASSIN, docteur en médecine.

TACHON, pharmacien.

TURMEL, marchand de vins.

VATIN , fabricant de boutons.

VÉNY , traiteur.

Arrêté , comme tant d'autres , dans les premiers jours de décembre, Vény avait été conduit dans un fort et de là transporté à Brest , sur ces horribles pontons qui méritent une place à part dans les annales du despotisme. Il habitait Genevilliers , aux portes de Paris. Son départ condamnait à la misère une femme et cinq enfants , dont il emportait avec lui le tendre et douloureux souvenir. L'image de toutes ces existences suspendues à la sienne et vivant de sa vie , ne lui laissait pas un instant de repos. Il ne voyait pas Cayenne au-delà des mers , dans cette hideuse Guyane déjà semée de tant d'ossements. Elle n'existait plus pour lui que dans le village où il avait laissé sa malheureuse famille. On vient lui annoncer un jour qu'il est libre. Il éclate en transports; il verse des larmes de joie : sa famille est sauvée! Le chemin de fer , qui lui semble trop lent pour la première fois , l'emporte rapidement vers Paris. Il court à Genevilliers. Le voilà devant sa porte. Il frappe ; il frappe encore. La porte s'ouvre. Quatre de ses enfants dormaient paisiblement dans leur lit. Le plus jeune , qui n'était âgé que de quelques mois , était dans les bras de sa mère ; mais il avait cessé de vivre et la mère était folle. L'amour maternel l'inspirait encore. Elle offrait à son jeune enfant son sein tari par la douleur. Vény se sent foudroyé à cette vue. Une fièvre violente le saisit et il expire quelques

jours après, en cherchant sa famille et se cherchant lui-
même. L'excès de la douleur l'avait jeté aussi dans une
sorte de démence.

VASBENTER , directeur du journal *Le Peuple*.

VASSEUR , marchand de vins.

VOISIN , voyageur de commerce.

La troupe rencontre Voisin dans la soirée du 4 décembre , près de la mairie du 5ᵉ arrondissement. Un lieutenant
le fait arrêter et le livre à la fureur de ses soldats. Cinq de
ces forcenés le percent de leurs bayonnettes. Un sixième
lui tire un coup de fusil en pleine poitrine. Voisin roule
sanglant sur le pavé et ne donne plus aucun signe de vie.
Son corps est abandonné dans la rue. Une heure après le
cadavre s'agitait. Les blessures prodiguées à la victime
n'avaient pas chassé la vie de ce corps jeune et vigoureux.
Malgré le sang qui coule de ses plaies et qui l'inonde ,
Voisin cherche à se relever. Un effort énergique le redresse
à moitié sur lui-même ; il parvient à se mettre sur ses
genoux. Des passants l'aperçoivent. Ils l'enlèvent à la déro-
bée pour ne pas s'exposer eux-mêmes à des coups de fusil,
et le transportent dans le faubourg St.-Denis , à la maison
du docteur Dubois. Il était dans un état horrible. La vie ne
semblait plus tenir à ses membres que par un jeu de la
nature. Un traitement habile , des soins obstinés , et ce
besoin puissant de vivre que la jeunesse porte avec elle lui
rendent, au bout de quelques semaines, la force et la santé.
Il veut sortir de sa retraite. Mais la police avait là ses agents

pour guetter et saisir sa proie, dans le cas où la mort ne la lui dérobeait point.

Plusieurs démocrates qui avaient été transportés mourants dans la maison du docteur Dubois, n'en étaient sortis, après leur guérison, que pour tomber entre les mains des commissaires militaires. Voisin éprouve le même sort et les collègues du général Bertrand, voulant punir sans doute la science et la nature de l'avoir sauvé miraculeusement, se hâtent de l'envoyer à Cayenne.

VANFERDEN, journalier.

VOISARD, tailleur.

VITRÉ, corsetier.

VOGUÉ, tisserand.

VARÉE, homme de lettres.

WATRIPPON, rédacteur de *la Révolution*.

ZIMMERMANN, ébéniste.

Ces proscrits de tout rang et de tout âge que la dictature bonapartiste enlevait brusquement du sein de la capitale, pour les jeter, avec les forçats, sur le sol dévorant de la Guyane, avaient au milieu d'eux un groupe d'enfants arrachés la veille à leurs familles et destinés, comme eux, à toutes les horreurs de cet exil meurtrier. L'histoire n'avait jamais rien vu de semblable. Ce que l'Inquisition ne fit pas, ce qu'elle n'eut pas osé faire, Louis Bonaparte l'a fait sous les yeux de Paris et de la France, à la lumière du 19e siècle. O crime! ô honte! Des officiers français, ces commissaires barbares groupés autour du général Bertrand, comme les valets autour du bourreau, ont mis lâchement leurs noms à côté des noms de plusieurs enfants qu'ils vouaient lâchement à la proscription et à la mort. Ces enfants s'appelaient :

ALLARD, JULIEN.

AJALBERT, PIERRE.

CHALLES, LOUIS.

DEHAY, GEORGE.

JAQUET, JULES.

JAZADÉ, EUGÈNE.

LIMANET, PHILIBERT.

MALHERBE, ÉDOUARD.

OLIVIER, AUGUSTE.

POULLARD, JEAN-BAPTISTE.

ROUGEMAILLE, CHARLES.

TRANSON, ANTOINE.

VALLÉE, PAUL.

Le plus âgé de ces enfants n'avait que quinze ans. Plusieurs comptaient quatorze ans à peine. Quelques-uns n'avaient pas atteint leur treizième année, et le plus jeune, Challes, Louis, allait avoir douze ans dans quelques jours.

Ils avaient été ramassés dans les rues, sur les places, le

long des quais où les promenait, au milieu même de l'émotion publique, cette curiosité ardente et audacieuse qui distingue l'enfant du peuple à Paris. Deux d'entr'eux furent surpris dans une mairie au moment où la troupe y pénétrait les armes à la main. Un autre fut enlevé près de la Porte St-Denis. Il regardait passer un détachement qui amenait dix-neuf prisonniers. « Cela fera vingt », dit en l'empoignant le chef de la colonne, et il jette l'enfant éperdu dans les rangs.

Aucune cruauté, aucune barbarie n'a été ménagée à ces jeunes proscrits, que leur enfance aurait rendus sacrés à tout autre despotisme. Ni la faim, ni la soif, ni la fatigue ne leur a été un seul instant épargnée. On les a promenés de fort en fort et de prison en prison, comme les autres détenus. Ils épuisaient toute la rigueur des vengeances politiques, avant d'avoir eu le temps de s'associer à nos luttes et de pouvoir se ranger sous un drapeau. Ils ont subi tour à tour le régime des casemates et le régime des pontons. Ils ont eu, comme les autres, à supporter les coups de la tempête dans les flancs du *Canada*, entre la France qu'ils venaient de quitter et ce continent mortel qui leur apparaissait, comme un vaste cimetière, au-delà de l'Océan.

Et que d'insultes, que de colères ou de menaces n'avaient-ils pas dû traverser avant d'être jetés dans cette espèce de tombeau flottant au milieu des vagues !

L'un d'entr'eux, au moment de son arrestation, est conduit et renfermé dans un bouge. On l'y laisse pendant toute une nuit. Il avait pour compagnons trois cadavres.

Quelques voltigeurs du 49ᵉ gardaient ce poste. « Il faut le fusiller », disaient-ils de temps en temps, comme pour se distraire des ennuis de la faction. Ils auraient fini par le tuer, si le capitaine n'était intervenu, pour le sauver de leurs balles.

Deux autres, Malherbe et Jazadé, sont traînés à Sᵗ-Lazare. A peine sont-ils arrivés dans la cour de cette prison que les agents qui les conduisaient ont recours à tous les moyens pour leur arracher des aveux. Ils avaient été pris dans la mairie du 5ᵉ arrondissement, occupée pendant quelques heures par les défenseurs de la Constitution. Qu'avaient-ils fait? Qui avaient-ils vu? Que devait-il se passer? Toutes ces questions leur étaient adressées la menace au poing et l'injure à la bouche. « Parle, parle, disait l'un des sbires au jeune Malherbe ; nous te donnerons la pièce d'or que voici. » L'enfant se tait et hausse dédaigneusement les épaules. « Eh bien! s'écrie l'alguazil, tu n'as plus qu'un instant à vivre. Allons, fais ta prière : vite à genoux — A genoux! jamais! jamais! » répond l'enfant que le courage semble grandir, et présentant sa tête aux bandits de Louis Bonaparte : « Finissez-en si vous l'osez! lâches assassins! » Les agents tirent leur épée et se contentent de la passer sur le cou de l'enfant. Simple caprice d'humanité!

Quelques-uns de ces enfants ont failli périr sur les pontons. Plusieurs y ont contracté des maladies et des infirmités dont ils porteront longtemps la trace. Puissent-ils survivre aux douleurs qui les ont accablés et à celles qui les attendent encore! Qu'ils vivent, qu'ils grandissent, qu'ils développent chaque jour, au soleil de la jeunesse, leurs forces physiques et morales, pour devenir bientôt les vengeurs de la République!

CONDAMNÉS

A la déportation en Algérie.

ANDRÉ, fabricant de stores.

BARBIER, gérant de l'Association des Tanneurs.

BARONNET, rentier.

RENARD chimiste.

BÉRU, rédacteur de *l'Événement*.

« Vous êtes déporté pour huit ans à Lambessa, disait un officier à Camille Béru. — Pour quel crime? demande l'écrivain. — Il s'agit bien de cela! Vous êtes républicain; vous êtes journaliste; vous avez une certaine influence; en faut-il davantage?— Mais les lois? Mais la justice?— Que voulez-vous? Le gouvernement veut vivre : il faut bien qu'il se délivre de ses adversaires. » L'officier qui tenait ce langage était l'un des collègues du général Bertrand. Il avait signé lui même la sentence qui condamnait Béru à toutes les rigueurs de nos présides algériens.

BRUMAT, ancien husisier.

BLACHETTE, entrepositaire.

BLAISE, cordonnier.

BEAUGRAND, limonadier.

BOULANGER, typographe.

CARETTE, fabricant de produits chimiques.

DERCHY, artiste dramatique.

DESMOULINS, typographe.

DOUARD, menuisier.

DUBIEF, ancien commissaire.

DOBERSET, instituteur.

L'instituteur Doberset, qui habitait Batignolles, s'était tenu en dehors des agitations politiques. Mais il avait eu le malheur de loger un sergent de ville qu'il avait dû mettre à la porte, parce qu'il n'en était jamais payé. C'était évidemment un démagogue; son locataire le lui a prouvé en l'envoyant à Lambessa. Louis Bonaparte fait un coup d'État pour payer ses dettes. Ce sergent de ville en fait autant à sa manière. Les exemples descendent.

DUPONT, PIERRE, homme de lettres.

« Ce serait une injustice de ne pas déporter celui-là, disait en ricanant l'un des greffiers bonapartistes; il a fait le chant des transportés; il faut lui donner l'occasion de s'en servir. »

FILLION, agent de publicité.

GAFFNEY, peintre en bâtiments.

GOBERT, ROSALIE.

GOUDOUNÈCHE, chef d'institution.

GUYON, teneur de livres.

HUET, ex-officier des pompiers.

Madame HUET a été condamnée, comme son mari, à la déportation en Afrique.

HUET, marchand de vins.

LENOBLE, menuisier.

LEGRAND , forgeron.

LAUNETTE, ébéniste.

LEFÉVRE, marchand de vins.

LIREUX, homme de lettres.

Une femme avait accusé Lireux d'avoir tiré un coup de pistolet sur le boulevard. Le spirituel écrivain est arrêté. On le promène à travers les rues de Paris et chaque fois qu'il arrive devant un corps-de-garde , ces mots retentissent à son oreille : « c'est un brigand , il faut l'abattre. — Qu'il aille se faire fusiller ailleurs, » répondaient les soldats du poste, fatigués par les meurtres et les débauches du jour. Ces menaces de mort accompagnent Lireux jusqu'à la prison. Des amis interviennent et lui font rendre la liberté ; mais il ne tarde pas à être repris, pour être condamné à la déportation en Afrique.

Était-ce le coup de pistolet qui le livrait de nouveau aux exécuteurs bonapartistes ? Lireux pouvait prouver qu'il n'avait manié depuis longtemps d'autre arme que sa plume. Mais c'était précisément cette arme qui l'exposait aux vengeances du dictateur. Avant de nicher sa critique dans les feuilletons du *Constitutionnel,* mauvais logis pour un tel hôte, Lireux avait été , tour-à-tour, rédacteur du *Charivari,* de la *Revue Comique* et du *Journal pour Rire.*

Il avait popularisé dans ces feuilles, qu'il enrichissait chaque jour des produits de sa verve, ce personnage de *Ratapoil*, type grotesque mais fidèle des parodies impériales qui affligent et déshonorent la France.

LALLEMAND, marchand herbager.

LECLERC, tailleur.

MALARMET, monteur en bronze.

MAILLIARD, ex-employé des postes.

MATHIEU, homme de lettres.

Il servait en 1840, au moment du coup de main de Boulogne, et c'est lui qui arrêta Louis Bonaparte.

ORY, marchand fripier.

PLACE, médecin, ancien commissaire de la République.

Le lendemain du coup d'État, ce journal des délations, qui s'appelle *la Patrie*, désignait lâchement le docteur Place aux vengeances du bonapartisme. On lisait le nom de Christian au bas de ce rapport de police, sorti des presses de l'ex-banquier Delamarre.

PESCHEUX, homme de lettres.

PHILIPPE, forgeron.

RAGON, ancien notaire.

RAMBEAUX, limonadier.

ROUSSEAU, ALPHONSE, peintre.

Le frère de Rousseau, employé des postes, a été déporté avec lui en Afrique.

ROLLAND, PAULINE.

Au moment où Madame Pauline Rolland était dirigée
sur Lambessa, les journaux bonapartistes accolaient à
son nom l'épithète de clubiste. Il fallait flétrir, si c'était
possible, une femme généreuse que la proscription ne
rougissait pas d'envelopper dans ses colères. Quelques
travaux historiques dignes de notre temps et de lumineuses
études sur les écrivains de la Grande-Bretagne, tels que
Godwin, avaient classé honorablement Pauline Rolland dans
la littérature contemporaine. Avant de partir pour l'Afrique,
où l'attendait le plus odieux des régimes, elle a subi une
longue détention à St.-Lazare, avec d'autres femmes énergiques, vouées, comme elle, au culte de la Révolution.

ROCHOT, propriétaire.

RIGAUD, cordonnier.

SIX, THÉODORE, tapissier.

Arrêté dans la matinée du coup d'État, conduit à Mazas
et puis à Bicètre, Théodore Six avait été relâché dans
le courant de janvier. Il était libre au moment des élections pour le corps législatif. Il a une entrevue et une
conférence avec l'un des candidats du parti démocratique.
La police, qui l'apprend, se hâte de l'arrêter comme un
ennemi du repos public. Il est promené pendant quelques
jours de fort en fort, de prison en prison et conduit
enfin à Lambessa. On proposait à sa femme de recourir à
l'une de ces Egéries qui partagent avec les hôtes de l'Élysée
les joies de la dictature. Elle pouvait le sauver; son succès
même était certain.

« Ma liberté coûterait trop cher, dit le prisonnier. Je ne veux pas que ma femme se souille au contact d'une prostituée. »

Cette démarche l'aurait-elle dérobé aux rigueurs de la proscription? Il est permis d'en douter. Théodore Six avait été l'un des soldats les plus braves et les plus généreux de la Révolution de Février. C'était lui qui, entrant avec la foule armée au palais Bourbon et voyant les fusils dirigés sur un tableau où figurait la royauté de Juillet, s'était précipité à la tribune et avait contenu toutes les colères par ces paroles : « Au nom du peuple et dans l'intérêt de sa gloire, respect aux monuments! »

SOUCHET, tailleur.

CONDAMNÉS

Au bannissement à temps ou à vie.

ALLEMAND, homme de lettres.

AUBERT-ROCHE, médecin, ancien commissaire.

CAYLUS, directeur du *National*.

CHATEAUNEUF, négociant.

Ancien commissaire de la République dans les Basses-Alpes, Chateauneuf avait été envoyé par ce département à l'Assemblée Législative. La majorité, par un de ces votes de parti qui lui étaient si familiers, lui préféra Fortoul, qui avait quelques voix de moins et qui devait lui témoigner sa reconnaissance en se faisant l'instrument du coup d'État. Ce souvenir a fait expulser Châteauneuf. Il avait été le concurrent heureux d'un futur ministre de Louis

Bonaparte. C'était un criminel qui ne méritait pas d'avoir une place dans la patrie.

> COPPENS, propriétaire, ancien préfet.
>
> COURNET, ex-lieutenant de vaisseau.
>
> CROCÉ-SPINELLI, bijoutier.

Aucune poursuite n'avait été dirigée contre Spinelli, à la suite du coup d'État. Les élections du corps législatif ont lieu. Spinelli croit pouvoir user de ses droits de citoyen. Il se met sur les rangs et publie une circulaire électorale. C'était troubler le silence que le bonapartisme voulait établir partout autour de ces urnes qu'il venait de dresser hypocritement, au milieu des cadavres. Le candidat Spinelli a dû quitter immédiatement la France.

> DAVID, d'Angers, sculpteur, ancien représentant du peuple.
>
> DURAS, rédacteur en chef du *National.*
>
> DEPOUILLY, manufacturier.

Ses fils devaient être atteints par la même mesure.

> DESCHANEL, ancien professeur à l'école normale de Paris.
>
> FRANÇOIS, propriétaire.
>
> FORESTIER, peintre, ex-colonel de la garde nationale.
>
> GASSELIN, négociant.
>
> GREPPO, JULIE, femme du représentant.

Le décret, qui envoyait à Cayenne le représentant Greppo avec quatre de ses collègues, venait de paraître, quand la police se présente à son domicile et arrête brutalement sa femme. Une jeune fille d'environ douze ans restait seule et abandonnée au milieu de ces deux proscriptions, qui lui prenaient son père et sa mère. Madame Greppo n'est sortie de sa prison, c'est-à-dire de la cellule dans laquelle on la tenait au secret, qu'au moment où son mari quittait la France.

GUICHENÉ, journaliste.

GOUACHE, ancien gérant de *la Réforme*, ancien commissaire de la République.

HETZEL, libraire, ancien chef du cabinet aux Affaires étrangères.

JACOUBET, architecte, auteur de *l'Atlas* de Paris.

LERAY, rédacteur de *la Presse*.

MONGINOT, ex-secrétaire du général Cavaignac.

MOREL, rédacteur du *National*.

MEUNIER, ARSÈNE, rédacteur de *l'Écho des instituteurs*.

MARTINET, JULES, rédacteur de *l'Ordre*.

MADON, typographe.

NÉTRÉ, typographe.

OLIVIER, DÉMOSTHÈNE, ancien Représentant du Peuple.

RAGINEL, auteur d'un livre sur les Votes de la Constituante.

RIGAUD, cordonnier.

SARRE, rédacteur de la *Réforme* et du *Vote Universel*.

VI.

Paris avait nagé dans le sang et ses cadavres étaient à peine ensevelis, que le bonapartisme lui enlevait par la proscription une partie de ses habitants. Le même calcul, qui a dérobé à la conscience publique le chiffre des morts, lui a caché également celui des proscrits. Comme il y a loin de ces noms, recueillis au hasard dans les ténèbres de la persécution, à la liste complète des victimes que les agents de Louis Bonaparte ont recrutées pendant plus de trois mois pour Cayenne, pour l'Algérie ou pour d'autres exils !

Il ne s'agit pas ici de ces groupes d'ouvriers et d'artisans, de toute industrie, appartenant à quelques nations voisines, mais établis depuis longtemps dans la capitale et mêlés à tous les mouvements de la vie française. Que de vides la proscription n'a-t-elle pas faits dans leurs rangs ! La France républicaine et libre était devenue pour eux une seconde patrie. La France bonapartiste et esclave les a repoussés de son sein, parce qu'ils n'étaient pas assez étrangers et qu'ils participaient trop à la vie nationale.

Il ne s'agit pas, non plus, de ces débris de nationalités, de peuples et d'empires, Italiens, Allemands, Hongrois ou Polonais, que le bonapartisme a trouvés dans Paris, comme dans la métropole du genre humain, et qu'il en a chassés lâchement après son crime, parce que le souffle divin de la liberté les y avait conduits dans leur naufrage.

Il ne s'agit pas, enfin, de cette masse de prolétaires qui ont été rejetés de la capitale et disséminés sur tous les points de la France, parce qu'ils s'étaient mêlés dans d'autres temps à quelqu'une de ces luttes où Paris seul s'est battu pour le monde.

Où trouver assez d'espace pour faire le dénombrement de toutes ces proscriptions, qui se confondent dans un immense ostracisme? Comment enregistrer tous ces noms, toutes ces existences, toutes ces destinées, dont la tempête s'empare en même temps et qu'elle disperse de tous les côtés, sans qu'il soit possible de suivre leur trace? Le bonapartisme pourrait seul déchirer le voile qui nous dérobe toutes ces douleurs, toutes ces iniquités.

C'est au bonapartisme aussi qu'il faudrait demander le tableau complet des déportations, des exils et des fuites, qui ont enlevé à Paris tant de citoyens dévoués à la cause de la République. Les souffrances de la famille, les confidences de l'amitié, des indiscrétions généreuses, quelques rares échos des pontons ou des casemates, plusieurs lettres funèbres de Cayenne, de Lambessa ou de quelque autre cimetière, ont révélé les noms d'un certain nombre de victimes. Mais combien d'autres sont ignorées!

Louis Bonaparte et ses complices, du sein de cette

terreur qui les protège, ont pu dire impunément qu'il
n'y avait pas eu dans Paris quatre cents morts. Il leur
a été bien plus facile de cacher le nombre des proscrits.

Aucun journal, aucune publication, aucun document
officiel n'a livré à la France ce formidable secret. On le
chercherait en vain dans les décisions du général Bertrand
et de ses tribunaux militaires. La proscription avait
plusieurs foyers. Elle frappait à la fois au ministère de
la police, au ministère de l'intérieur, à la chancellerie,
chez Maupas, chez Piétri, et jusque chez Fortoul. Il y a
tel passe-port, qui couvrait un arrêt d'exil, dont le point
de départ a été le ministère de l'instruction publique.
Où trouver la trace de ces expulsions et de ces bannisse-
ments ?

On avait tué à Paris, pendant les premiers jours de
Décembre, comme on tuait naguère à Constantinople au
nom des sultans, dans l'ombre et le silence. C'étaient des
muets qui frappaient. Les bourreaux parlaient peut-être,
mais le meurtre se taisait. On a proscrit dans le même
silence et la même ombre. Il semble même que le second
crime n'ait pas été content de l'obscurité du premier : car
il s'est enveloppé de ténèbres plus épaisses.

LIVRE VII.

La proscription dans les départements voisins de Paris.

————

I.

La main des exécuteurs, qui venaient de décimer Paris et sa banlieue, devait s'étendre partout autour de la capitale. Ainsi l'a voulu Louis Bonaparte.

Ces départements, qui environnent Paris et forment la première division militaire, ne pouvaient être abandonnés, comme les autres, aux caprices des administrations locales; leur position, leurs intérêts, des rapports de chaque jour les rattachent par des liens trop étroits au centre même du gouvernement. Il appartenait au général Bertrand et à ses collègues d'y promener la justice du dictateur. Leurs coups, venant de loin, pouvaient s'égarer : ils ont été dirigés par les préfets, les procureurs et d'autres complices, qui se levaient partout au nom de l'ordre, ce grand mensonge bonapartiste, pour assouvir leurs passions criminelles.

De tous les départements compris dans ce groupe, où la vie de Paris circule plus qu'ailleurs, celui d'Eure-et-Loir a été le moins frappé.

L'Aube a été plus atteint, quoiqu'il n'ait pas fourni un grand nombre de proscrits.

Il en est de même de l'Oise, de Seine-et-Oise et de Loir-et-Cher.

Dans le Loiret, au contraire, la secousse a été rude et la blessure profonde.

Mais c'est l'Yonne qui a le plus souffert. Quel débordement de violences! Que de douleurs et de victimes!

II.

AUBE.

Il y avait dans l'Aube un préfet digne de comprendre et de servir toutes les fureurs du coup d'État; c'est ce Petit de Bantel qui, sous le règne de Louis-Philippe, laissa des traces de sang dans les montagnes paisibles de l'Ariège. Il savait comment on égorge les citoyens. Il a dû trouver facile de livrer leurs noms à la proscription. Ce magistrat violent et farouche ne pouvait que rester fidèle au souvenir sanglant qu'il traine partout avec lui.

Le procureur de la République, Géry, s'est montré son rival.

Deux notaires, que leur républicanisme rendait suspects, avaient échappé à ses poursuites. Il a provoqué leur destitution, parce qu'ils n'avaient pas attendu paisiblement dans leur cabinet que la main des agents bonapartistes vînt les saisir. Leur absence était un crime. Il ne s'agissait pas d'invoquer pour eux l'un de ces cas de force majeure, qui dominent toutes les règles, en les rendant impossibles. L'honneur de leur profession les obligeait de se laisser prendre à leur poste par les sbires du dictateur.

Telle était la doctrine de Géry. Ce procureur étrange fesait ainsi un devoir de la persécution à des citoyens inoffensifs et dès lors couverts par le droit. Il leur appliquait une morale nouvelle, la morale de l'écrou.

Cette philosophie, qui méritait de sortir du cerveau de quelque geôlier, a charmé l'oreille et l'esprit du tribunal civil de Troyes, qui a frappé bravement les deux officiers ministériels. Les magistrats, qui ont rendu cette sentence, méritent d'être connus. Ils s'appellent : Corrard de Bréban, Mailly, Sallat-Moutachet, Fortin, Delanoue et Nancey. La Cour d'appel de Paris, présidée par Aylies, n'a pas rougi plus tard de confirmer cette doctrine. O patrie des Cujas, des Domat et des d'Aguesseau ! Vieille et sainte patrie du droit ! Voilà ce que tes magistrats font aujourd'hui de la justice !

Le général, qui commandait le département, Gauthier de

Laverderie, n'a pas voulu rester inactif au milieu de ces démonstrations de zèle. Il s'est mis à lancer lui-même des mandats d'arrêt, comme s'il eût été à la solde du code pénal. Dans l'un de ces mandats, dirigé contre le notaire Poron, il l'accusait d'avoir prétendu que le président de la République venait de violer son serment. La force est quelquefois bien naïve dans ses emportements et ses colères.

Deux juges-de-paix, Guyot et Reynault, ont partagé cette ardeur de persécution. Ils ont fait, l'un et l'autre, de ce pouvoir paisible, qu'ils tenaient de la loi, un instrument détestable de guerre civile.

CONDAMNÉS

A la déportation en Algérie.

BASSET, avoué.

BERGE, cultivateur.

BROWN, rentier.

BÉRAULT, propriétaire.

CHÉRON, doreur sur métaux.

COTTET, ex-vérificateur des poids et mesures.

CAMUS, charpentier.

CARTIER, épicier.

DURUPT, vigneron.

DEGUILLY, ouvrier.

FILLEUX, propriétaire.

FRISOT, cultivateur.

FOISSY, JAMES, propriétaire.

GAUTHIER, propriétaire.

GERVAIS, bonnetier.

HABERT, architecte.

JACQUIN fils, ingénieur-mécanicien.

JACQUINET, charpentier.

JOLIBOIS, vigneron.

LABOSSE, avocat, ex-commissaire de la République.

Le fils de l'avocat Labosse a été frappé avec son père.

LEFEBVRE, notaire, ancien commissaire de la République.

C'est l'un des deux notaires qui ont été révoqués sur la demande du procureur Géry. Sa charge, l'une des plus considérables de Troyes, a été cédée judiciairement pour le tiers de sa valeur. La proscription frappait deux coups à la fois : elle ne dépouillait pas seulement le notaire ; elle ruinait en même temps sa famille, qui lui avait servi de caution dans l'achat de son office. Des haines, allumées par la passion politique, poursuivaient depuis longtemps Lefebvre. Que de fois ne lui avaient-elles pas fait expier le dévouement et le zèle qu'il déployait pour la démocratie dans le département de l'Aube ! La magistrature s'était mise déjà avant le 2 Décembre au service de ces lâches ressentiments. Un frère de Lefebvre, qui habitait l'Yonne, a été compris dans les

vengeances qui s'acharnaient sur ce nom. Il mourait, il y a
quelques jours, loin de la France, tué par l'exil.

LEGRAND , EDME, ancien percepteur.

Une vengeance honteuse a livré à la proscription Edme
Legrand et son frère. Ils avaient eu le malheur de
surprendre avec une jeune fille le père du ministre de
la police et mêlés à la foule justement indignée, ils avaient
poursuivi publiquement de leurs reproches ce vieux subor-
neur. C'étaient des ennemis que le gouvernement du 2
Décembre devait nécessairement frapper. Ne fallait-il pas
défendre de toute atteinte le nom glorieux de Maupas ?

LEMOINE , mécanicien.
MARET , marchand de vins.
NOEL , maître d'hôtel.

L'établissement de Noël avait été fermé par ordre du
maire de St-Mards , le notaire Trouvé. Noël, se voyant
proscrit, a voulu le mettre en vente. Mais le maire lui a
défendu de le vendre comme hôtel. Il était difficile de lui
donner une autre destination. Aussi n'a-t-il pu être vendu
à aucun prix. La proscription a lâchement envié cette
dernière ressource à la femme de Noël et à ses quatre
enfants, qui sont restés dans la misère.

PORON , notaire, ex-maire.

PISTOUF , cultivateur.

PHELIZOT , vigneron.

STOCK , mécanicien.

SAURIAU , relieur.

SYLVESTRE, ancien instituteur.

CONDAMNÉS

Au bannissement à temps ou à vie.

BONNIN , rédacteur de la *Feuille du Village*.

CARLO , docteur en médecine.

COQUET , entrepreneur de batiments.

FARGEASSE , ancien préfet.

JACQUIN père , ingénieur-mécanicien.

L'ingénieur Jacquin était à la tête d'un des plus vastes établissements de bonneterie que possède la France.

CONDAMNÉ

A l'internement.

BIGNON , clerc d'avoué.

III.

EURE-ET-LOIR.

Le préfet Grouchy et le procureur Perrin n'ont joué

que le second rôle dans les violences qui ont annoncé au département d'Eure-et-Loir le crime de Louis Bonaparte.

Qui a pris le premier ?

Deux magistrats : Genreau, président du tribunal civil et Chasles, président du tribunal de commerce.

Chasles est celui qui a montré le plus d'ardeur. Il poussait de toutes ses forces aux arrestations. C'est un homme d'un âge avancé. Sa jeunesse fut mêlée aux agitations et aux orages du dernier siècle. Il portait le bonnet rouge et il comptait parmi les *sans-culottes*. Il a cherché souvent, depuis cette époque, à effacer ce souvenir. Il travaille encore aujourd'hui à le faire disparaître, et voilà pourquoi il sourit à la tyrannie.

Il y a des fous qui croient entendre hurler derrière eux des chiens invisibles et qui, pour échapper à leur poursuite, se jetteraient, tête baissée, dans tous les précipices.

Tels sont ces vieillards, à l'esprit faible, que tourmentent les souvenirs d'un autre temps. Ces souvenirs sont pour eux comme des chiens sinistres qui hurlent dans l'ombre sur leurs traces et les poussent en avant avec une force irrésistible.

CONDAMNÉS

A la déportation à Cayenne,

GIROT, tailleur d'habits.

MAURY, menuisier.

MERCIER, voyageur de commerce.

Le jeune Mercier revenait de Paris en chemin de fer
et il exprimait hautement son indignation contre les massacres qui avaient ensanglanté la capitale. Arrivé à Maintenon, près de Chartres, il se voit signalé aux gendarmes.

« Arrêtez cet homme, dit une voix ; il a mal parlé
de l'armée. »

Le dénonciateur, qui le livrait si lâchement à la police,
était un riche propriétaire de Maintenon, qui voyageait
avec lui. Son nom est Boivin.

MENOU, simon, cultivateur.

Menou était depuis quelques jours dans la rade de
Brest avec les autres prisonniers destinés à Cayenne.
Une lettre lui est remise. Elle était écrite par un bonapartiste de Chartres, nommé Roux. Voici quelques frag-
ments de cette lettre. Elle mérite une place dans ce tableau hideux des violences bonapartistes.

« Malheureux Menou,

» Oui, bien malheureux, si vous comprenez tout votre
malheur ; encore plus malheureux, si vous ne le comprenez pas.

» Maudissez la politique ou plutôt votre stupide orgueil
qui vous a poussé à vous croire plus d'esprit que vous
n'en avez.

» Sachez qu'il en a horriblement coûté à la main du
prisonnier de Ham pour vous expatrier. Mais pouvait-il
vous laisser, vous et votre aide-de-camp. votre batteur

en grange, votre colporteur? Il n'a rien moins fallu que les sauvages excès des rouges, des socialistes, pour légitimer une mesure sans exemple.

» Il faut sauver la France à tout prix. La gangrène la ronge; il faut tailler dans le vif.

» Oubliez vos exécrables journaux, vos théories insensées.

» Sans cette leçon vous étiez incorrigible ; peut-être même sera-t-elle trop douce. »

L'auteur de cette lettre est un ancien professeur, un officier de l'Université. Menou, comme il le lui disait dans un passage, était à ses yeux l'*égal des forçats*. La *Politique* d'Aristote est peut-être inconnue du professeur émérite; mais il paraît suffisamment familiarisé avec les maximes de Louis Bonaparte.

CONDAMNÉS

Au bannissement à temps ou à vie.

GAY, propriétaire.
VOGELLI, vétérinaire, l'un des rédacteurs du *Glaneur*.

Le banquier Brédif doit être cité au nombre des victimes du bonapartisme, dans le département d'Eure-et-Loir. On avait voulu l'arrêter le lendemain du coup d'État, mais il s'était barricadé dans sa maison et avait déclaré qu'il ferait feu sur les agents qui se présenteraient pour l'arrêter. La police, après une vaine démonstration,

avait battu en retraite. Il a été jugé plus tard comme
coupable de résistance à la force armée. Le tribunal de
Chartres l'a condamné à six mois de prison. Il a fait
appel à Versailles, où il a trouvé des juges qui lui ont
infligé trois années d'emprisonnement. La justice bonapartiste se fortifie en se déplaçant : *vires acquirit eundo.*

III.

LOIR-ET-CHER.

L'homme qui administrait Loir-et-Cher, dans les premiers
jours de Décembre, avait refusé de s'associer à un gouvernement armé contre les lois. C'était un orléaniste ; il
s'appelait Sohier.

Son successeur, Chambaron, a voulu , dès le début,
écarter ce souvenir. Il est entré dans sa préfecture ,
comme dans une arène. Les habitants de Blois ont
appris son arrivée par une proclamation violente dans
laquelle il répétait ce mot hypocrite de Louis Bonaparte:
« Que les bons se rassurent et que les méchants
tremblent. »

Chambaron avait été sous la monarchie le secrétaire
d'un de ces comités que présidait Odilon-Barrot , ce
ministre de Louis-Philippe au département de l'opposi-

tion (1). Il s'était attaché d'avance aux Abattucci, aux Beaumont de la Somme et à tous ces vieux transfuges du libéralisme, qui ont vendu lâchement au dictateur ce qui leur reste de force et de vie.

Le procureur de la République, Aucher, qui s'est associé à ses fureurs, avait essayé du journalisme avant la Révolution de Février. Sa prose lourde et embarrassée traîna plus d'une fois dans le *Courrier de Loir-et-Cher*.

Il a suivi depuis cette époque, avec une merveilleuse souplesse, la fortune inconstante des gouvernements. Il criait : Vive la République ! à la chûte de la royauté. Il crie maintenant : Vive la présidence de Louis Bonaparte ! Il criera demain : Vive l'empire ! si cette parodie honteuse du passé, qui afflige la France, aboutit à son dernier acte.

Aucher est un de ces aventuriers d'opinion, qui abandonnent sans pudeur le drapeau de la liberté pour la première tyrannie qui se présente.

CONDAMNÉS

A la déportation à Cayenne.

GENTY, élève au collége de Blois.

Ce jeune homme, à peine âgé de dix-sept ans, avait quitté le département depuis quelques mois et s'était retiré

---

(1) Le mot est de Louis-Philippe lui-même. C'est ainsi qu'il désignait le député de l'Aisne.

en Angleterre , afin d'échapper aux poursuites dont il était menacé pour avoir signé une affiche politique. Le gouvernement du dictateur a voulu le punir de cette hardiesse d'écolier en l'envoyant à Cayenne.

SAUMUREAU , ébéniste.

VARLET , menuisier.

CONDAMNÉS

A la déportation en Algérie.

AUGER , instituteur.

BELLANGER, capitaine de la garde nationale.

CROS, serrurier.

DENIAU , propriétaire, ancien maire.

FRANC , menuisier.

GUBAN , PIERRE , cabaretier.

JOUBERT , cultivateur.

LABBÉ, propriétaire.

LAFORIE , professeur.

LEROUX , CLAUDE , cabaretier.

POTIN , NOÉ , meunier.

RICHER, facteur rural.

VILLARS , MAGLOIRE , cordonnier.

L'Afrique l'a déjà tué , comme tant d'autres.

CONDAMNÉS

Au bannissement à temps ou à vie.

HOUDAILLE , médecin.

OUDIER , juge-de-paix.

PIEDALLES , CAMILLE , médecin.

CONDAMNÉS

A l'internement.

DARNAULD , cordonnier.

PERRAULT, instituteur.

RIBIÈRE, entrepreneur.

ROBERT , cabaretier.

ROUSSEL , tailleur d'habits.

IV.

LOIRET.

La dictature de Louis Bonaparte a rencontré aussi un orléaniste à la tète du Loiret, mais celui-ci a été moins rigide que son collègue de Loir-et-Cher. Il s'est contenté de rester à l'écart après la nouvelle du coup d'État. Scrupule d'honnête homme ou diplomatie de fripon ! L'hésitation n'a pas duré longtemps, et le préfet Dubessey a compté bientôt parmi les agents les plus fougueux de la proscription bonapartiste.

C'est lui qui a dirigé sur Paris le premier convoi de victimes. Les républicains, qu'il se hâtait de livrer, comme des prémices, aux commissions du général Bertrand, devaient être classés, à leur arrivée, parmi les forçats qui partaient pour Cayenne.

Il a eu pour complice dans ses violences le procureur général d'Orléans. C'était un ancien ami d'Odilon Barrot. Il se nomme Leserrurier.

Dépourvu de tout mérite, il n'avait pu se maintenir dans sa position qu'en faisant une guerre implacable aux adversaires du bonapartisme. Il avait poursuivi avec une rigueur extrême les journaux républicains de son ressort. La *Constitution* d'Orléans, le *Progrès* de Tours et le *Courrier* de Blois avaient eu à repousser plus d'une fois ses attaques. Les accusations et les injures, qu'il prodiguait dans ces procès à l'opinion démocratique et à ses interprètes, n'avaient pas même le mérite d'être spontanées. Il ruminait ses colères avant l'audience. On le vit un jour, dans la chaleur du débat, chercher vainement l'un des feuillets de son réquisitoire, se précipiter éperdu de son siége et courir, comme un fou, vers son cabinet pour en rapporter son indignation, écrite et raturée dès la veille. Jules Favre, qui portait la parole contre lui, eut pitié de tant d'indigence et gardant ses sarcasmes pour de plus puissants adversaires, il se contenta de gagner le procès.

Leserrurier appartient à la famille de ces *Vultures togati*

dont parle un satirique latin. Mais il a besoin chaque fois
de préparer son bec et ses ongles. Il ne les prépara jamais
aussi bien que pour le 2 Décembre.

Un autre magistrat, d'un rang moins élevé, le juge
Martin, a montré encore plus d'acharnement contre les
républicains du Loiret. Il était chargé de l'instruction ;
mais il n'appelait les détenus devant lui que pour leur
prodiguer des outrages ou les soumettre à des tortures
morales, plus cruelles que la proscription elle-même.

« Eh bien brigands, disait-il un jour à quelques
prisonniers, êtes-vous prêts à vous battre ? Voulez-vous
descendre dans la rue ? Nous vous attendons de pied
ferme. Nous sommes quinze cents honnêtes gens, qui
ne demandent pas mieux que de vous exterminer. Vous
ne voulez donc pas bouger, lâches que vous êtes? Ah
l'on vous tient cette fois ! » Et ce discours grotesque
finissait par des paroles que l'histoire ne peut pas
ramasser et qu'il faut laisser dans les bas-fonds de la geôle
avec la vermine des prisons.

Quelques agents subalternes ont mêlé leurs passions à
ces fureurs de la magistrature.

C'est surtout la petite ville de Bonny, qui a été le
théâtre de leurs excès. Une population, qui ne compte
guère que deux mille âmes, s'est vu enlever en quelques heures quatre cents hommes. D'Alphonse, frère
du général, un chirurgien nommé Decheaume ; l'adjoint au maire, Lecuyer, et quelques autres avaient
poussé à ces enlèvements. C'étaient les ouvriers les plus
laborieux et les plus honnêtes que la proscription em-

portait. Mais ils étaient tous républicains : ils exerçaient une grande influence sur les campagnes voisines. Leurs exemples, d'après le langage de ceux qui les livraient, faisaient plus de propagande que tous les écrits socialistes.

CONDAMNÉS

A la déportation à Cayenne.

ALLIANY, mécanicien.

AUGENARD, manœuvre.

ASSELIN, charpentier.

AVERT, fermier.

BASSEAU, marchand de vins.

BERGE, rédacteur de la *Constitution*.

BORDEAU, charcutier.

BOUTET, boulanger.

CAMPAGNET, ancien militaire.

CLOUTIER, marchand de bois.

CHEVALIER, propriétaire.

COLLON, tonnelier.

CIROTTEAU, cultivateur.

COINTEPAS, marchand de vins.

DAILLY, ferblantier.

DESLANDES, dessinateur.

DESCHAMPS, propriétaire.

DESJARDINS , lithographe.

DUBOIS , mécanicien.

DUNEAU , négociant.

FOUQUAN , négociant.

FOURNIQUET , marchand de bois.

GARNON , calottier.

GIRARD , cultivateur.

Ce proscrit avait le droit de s'étonner plus que ses compagnons du coup qui le frappait. Quel citoyen paisible ! et comme il détestait les agitations politiques ! On ne pouvait pas même le soupçonner de républicanisme. Il était, au moment du coup d'État, adjoint au maire de Loury. Le maire était mort depuis quelques semaines. C'était un républicain décidé. On ne songea pas que la tombe venait de l'enlever aux colères et aux ressentiments des partis et l'ordre fut donné de le jeter en prison. Les gendarmes, avec toute leur bonne volonté, ne purent pas le reprendre à la mort : ils prirent son adjoint à sa place et l'infortuné Girard fut dirigé sur Brest.

GUÉRIN , ébéniste.

GOBERVILLE, calottier.

GUÉRÉMY , propriétaire.

JARREAU , propriétaire.

Suzanne Grenon, épouse de Jarreau, a été arrêtée avec son mari et son fils, à peine âgé de 15 ans. On l'a conduite à Saint-Lazare avec trois autres femmes du Loiret, Alexandrine Jardineau, Rose Violet et Victoire Seaujot. Il serait difficile de trouver un plus beau caractère. Les coups qui la frappaient la trouvaient sensible, mais fière et indomptable. Sa noble sérénité semblait dominer les événements. Les haines et les violences, qui grondaient autour d'elle, glissaient sur son âme sans y laisser la moindre trace. Elle reçoit la visite de son frère, au moment où elle venait d'apprendre son sort.

« On m'envoie à Cayenne, lui dit-elle sans sourciller, au milieu des soldats et des agents qui l'environnaient; mais je compte bien revenir pour assister au triomphe de la République. »

Elle écrivait à la même époque la lettre suivante à un républicain de l'Yonne, qui venait d'être amené au fort de Bicêtre :

« Mon cher monsieur,

» Peut-être serez-vous surpris de recevoir une lettre d'une personne qui vous est à peine connue. Je n'hésite pas à vous écrire toutefois. Je pense qu'il y a entre nous assez de sympathies et de pensées communes, pour expliquer, pour excuser, s'il en était besoin, la liberté que je prends.

» J'ai appris hier votre arrivée au fort de Bicêtre avec un convoi de détenus de l'Yonne ; mais on n'a pu me dire quelle est la peine à laquelle vous êtes condamné. Tout ce que j'ai su , c'est que vous êtes arrivés au nombre de deux cents. Veuillez me dire , si vous le savez , quelle est votre destination.

« Mon mari est parti pour Cayenne le 25 avril sur la frégate la *Forte*; je suis, comme lui, condamnée à la déportation à la Guyane française et j'attends, non sans impatience, le moment de le rejoindre.

« Nous sommes ici 24 femmes : presque toutes sont condamnées à la déportation ; quelques-unes ignorent leur sort.

« Adieu, monsieur ; quelles que soient les souffrances que l'on nous impose, nous les supporterons avec courage ; car nous saurons que nous les subissons, parce que nous avons aimé et voulu, avant toutes choses, la justice et la liberté. »

LEJEUNE , marchand de cercles.

LANSON , commissionnaire en marchandises.

LEFLOCH , maçon.

LEROY , cultivateur.

LOISELLE , fils, fabricant.

MALIBOS , charpentier.

MITRAU , Augustin , tailleur.

Une maladie assez grave était survenue à Mitrau sur le *Duguesclin*. On l'avait transporté à l'hôpital de Brest , dans une salle réservée aux proscrits. Un jour , le factionnaire qui gardait la porte avance la tête du côté des malades. Il regarde : il regarde encore ; son fusil tremble dans sa main; il s'arrête frémissant et comme éperdu sur le seuil. C'était

le frère de Mitrau qui servait dans le 34ᵉ de ligne. Le soldat
avait le pied suspendu pour se jeter sur le lit du malade ;
mais il se sentait enchaîné par la consigne , ce boulet de la
caserne. Il fait prévenir son frère qu'il est là, sous ses yeux,
à deux pas de lui et qu'il attend avec impatience le moment
de pouvoir accourir dans ses bras. Le malade, ému lui-même,
fait toutes sortes d'efforts pour s'arracher à son lit ; mais il
était paralysé par la douleur. La nature , presque toujours
meilleure que les hommes, semblait conspirer avec la
tyrannie pour séparer les deux frères. Ces malheureux ne
purent s'embrasser que le lendemain. Il avait fallu que le
soldat emportât de force la permission de voir le malade
qu'il n'a pu revoir une seconde fois.

MARCINNY, propriétaire.

MICHOT, représentant du peuple.

MIGNON, serrurier.

MORAND, marchand de vins.

MARTIN, représentant du peuple.

MOULIN, épicier.

MULOT, calottier.

NOLAN , restaurateur.

Le juge d'instruction , Martin , ce lâche magistrat
qui a recruté avec tant de zèle des victimes pour les collègues du général Bertrand, avait appelé un jour Nolan dans
son cabinet, pour lui arracher des aveux. Il s'agissait
pour l'inquisiteur bonapartiste de découvrir un complot ,

des machinations, quelque trame secrète. Le proscrit opposait fièrement à toutes ces questions une seule et même réponse :

« J'ai voulu défendre la Constitution et la République; mes amis en ont fait autant; voilà notre conspiration.

— Avouez, avouez, poursuivait le magistrat, j'ai votre sort entre mes mains, et je vous mets en liberté, si vous voulez fournir des renseignements à la justice. »

Nolan se montre inflexible. Tout-à-coup, une porte s'ouvre; une femme et sept enfants s'y précipitent avec des cris et des larmes. C'était la famille de Nolan que le juge avait cachée dans une pièce voisine.

« Dis tout, papa, s'écrient les enfants.

— Parle, mon ami, dit à son tour la femme, tu vas nous être rendu. »

Le prisonnier, surpris par cette secousse, paraît un instant ébranlé. Mais bientôt il se relève avec une généreuse indignation, et imposant silence à toutes ces douleurs, qui ont failli le vaincre : « C'est infâme, dit-il au juge avec une sorte d'autorité, vous faites ce que n'eût pas fait l'inquisition. Vous avez cru me déshonorer; mais je préfère Cayenne, je préfère la mort à cette liberté honteuse que vous osez m'offrir. »

En même temps, il s'arrache des bras de sa famille et se fait reconduire en prison. Le bourreau était vaincu; c'était la victime qui commandait.

PASQUIER, couvreur.

PICOUX, charpentier.

PEREIRA, ancien préfet.

RAICHE, FILS, mécanicien.

RIEFFEL, épicier en gros.

REGNAULT, médecin.

SANTERRE, tailleur.

TAVERNIER, rédacteur en chef de *la Constitution.*

THIBAUT, peintre.

TARDIT, charpentier.

TAVEAU, épicier.

THIERCELIN, propriétaire.

VILLARMAY, charpentier.

VION, propriétaire.

CONDAMNÉS

A la déportation en Algérie.

AGNAN, EUGÈNE, ménétrier.

BESLE, journalier.

BESLAUT, journalier.

BINET, journalier.

BOIDOT, propriétaire.

Les deux fils de Boidot ont été déportés avec lui. Le plus jeune était à peine âgé de 16 ans. Il mourait quelque temps après en Algérie. Ce sol africain est un bourreau lent, mais sûr au service de Louis Bonaparte.

CONDAMINE, tourneur.

CHÉVEREAU, CHARLES, cordonnier.

CRANSON-MALLET, vigneron.

CATHELOT, serrurier.

CELERIER, cultivateur.

CAMINADE, teinturier.

CHERREAU, sabotier.

DELSOU, sabotier.

DURAND, PIERRE, vigneron.

FROSSARD, vigneron.

GUILLOT-MALLET, propriétaire.

GODARD, boulanger.

GAUGÉ, propriétaire.

GAUGUIN, bijoutier.

GLAZÉ, serrurier.

HUET, vigneron.

JAMET, PROSPER, propriétaire.

JARREAU, GERMAIN, cultivateur, frère du déporté
à Cayenne.

JARDINEAU-VIOLET, charpentier.

Le procureur de la République, après avoir arrêté
l'homme et la femme, a fermé leur maison et laissé sur
le seuil deux petits enfants dont l'un n'avait que deux
ans et demi.

JACQUEMARD, coutelier.

JOANNAIS, propriétaire.

LABELLE, conducteur des ponts-et-chaussées.

Le Loiret compte trois autres déportés du même nom : c'est aussi le même sang. Que de plaies ouvertes à la fois dans le sein de la même famille !

LOISEAU-BEAUPIN, propriétaire.

LOUIS, CHARLES, tailleur de pierres.

MALLET, GUSTAVE, menuisier.

Un cousin de Mallet a été aussi envoyé en Afrique. Le conseil de guerre avait déjà frappé un autre Mallet, parent de ces deux proscrits.

MARÉ, CASIMIR, marbrier.

PETIT, propriétaire.

PICARD, maréchal-ferrant.

PILLARD, scieur de long.

PASCAL, GEORGE, vigneron.

Le frère de ce vigneron a éprouvé le même sort.

QUETIN, boucher.

On a proscrit avec lui son fils, qui était huissier et qu'on a dépouillé auparavant de sa charge.

RAIMBAULT, aubergiste.

SEAUJOT, PIERRE, vigneron.

TESSIER, serrurier.

TISSIER, HYPPOLITE, cafetier.

THIBAUDIER, menuisier.

VATAN, THÉODORE, sabotier.

Il laisse six enfants et une femme dans la misère. Plusieurs ouvriers qui travaillaient avec lui ont été frappés en même temps. Ils partagent maintenant son exil.

VILAIN, LOUIS, journalier.

CONDAMNÉS

Au bannissement à temps ou à vie.

BEAUPIN, PARIS, marchand.

BENOIT, notaire.

BLOT, FILS, propriétaire.

HUTIN, rédacteur de *la Constitution.*

JOURDAIN, fabricant de crics.

MAGNIEZ, AUGUSTE, menuisier.

Le frère de Magniez a été compris dane les mêmes poursuites et frappé de la même peine.

MARTRA, médecin.

RODON, médecin.

Sa femme a été expulsée avec lui.

TESSIER, directeur de l'école mutuelle d'Orléans.

CONDAMNÉS

A l'internement.

CHARLOT, PIERRE, propriétaire.

CHAUVEAU, ébéniste.

DESMOULINS, LOUIS, tonnelier.

DESCHAMPS, ALAIN, tourneur.

DOUBLET, conducteur de travaux.

FERRÉOL, avocat.

FIÉ, menuisier.

POULAIN, journalier.

RAICHE, PÈRE, mécanicien.

SINZELLE, vigneron.

Le général Bertrand et ses complices ne se sont pas con-
tentés d'enlever au Loiret tous ces proscrits, devenus les
martyrs de la loi. Ils ont jeté à la justice militaire les victimes dont les noms suivent :

CHENEAU, maçon.

CHÉRI, marinier.

MALLET, ÉDOUARD, menuisier.

SOUESME, propriétaire, conseiller général.

ZANOT, imprimeur, commandant de la garde
nationale.

Mallet a été condamné à la peine de mort. La guillotine
apparaissait pour la première fois, comme l'alliée naturelle
du gouvernement de Louis Bonaparte. Elle avait été
vaincue et jetée à l'écart par la République : elle se redres-
sait avec la monarchie et pour que ce spectacle, déjà si
hideux, fut plus complet, c'était l'assasin de Boulogne,
qui appelait au secours de sa politique la fatale machine.

Le conseil de guerre, qui a frappé Mallet, était présidé par le colonel Lesire. Honte éternelle à ce restaurateur du bourreau !

V.

OISE·

Il y a des rôles qui disposent à tous les autres. Le préfet Randouin, qui a présidé dans l'Oise à toutes les violences du bonapartisme, avait passé depuis longtemps par cette honteuse initiation. Il était sous-préfet de Blaye, quand la duchesse de Berry fut arrêtée.

La mère du duc de Bordeaux, cette héroïne d'un grand parti, vient de mêler de vulgaires amours à de royales ambitions; la France ignore l'aventure; l'Europe n'y croira pas. Quel dommage pour Louis-Philippe et pour sa dynastie !

« Vous allez nous servir de témoin, » dit le ministre Thiers au sous-préfet de Blaye et Randouin a mis son nom au bas de cette honte. Besogne de goujat !

Cet homme, qui avait fait main-basse sur la pudeur d'une femme, au nom de l'orléanisme, confisquera bientôt la liberté, les droits et les biens de toute une classe d'hommes, au nom de Louis Bonaparte.

Le procureur de Beauvais, sur lequel Randouin s'est appuyé, Pihan de la Forest, avait une autre origine. Quelque temps avant le coup d'Etat, il protestait de son amour et de son dévouement pour la République. Ses sentiments démocratiques s'étaient produits encore avec plus d'éclat dans son discours d'installation. Il avait juré alors qu'il descendrait dans la rue, un fusil à la main, le jour où la Constitution serait attaquée. Il promettait au droit un soldat intrépide et résolu : il lui a donné un bourreau.

Un de ses collègues, le procureur de Senlis, a paru jaloux de marcher sur ses traces. Il se vantait d'avoir réclamé la déportation à Cayenne pour tous les malheureux, qu'il expédiait à Paris.

On a vu dans l'Oise d'autres pourvoyeurs des commissions militaires. L'ancien Pair, de Mouchy, et deux membres de la dernière assemblée monarchique, Danse et Lemaire, sont accusés d'avoir joué ce rôle.

CONDAMNÉS

A la déportation à Cayenne.

DOLLIVIER , propriétaire.

LAVOINE , ouvrier.

CONDAMNÉS

A la déportation en Algérie.

BELLANGER , médecin.

BIZET , PIERRE , journaliste.

BURETTE , MICHEL , graveur.

CAILLEUX , tailleur.

CHEVALIER , propriétaire.

Le département de l'Oise compte un autre déporté du même nom.

DABONCOUR , instituteur.

DIJON , tanneur.

DUFOUR, NARCISSE, propriétaire.

GOBERT , menuisier.

LEFÈVRE , instituteur.

LEMOINE , boucher.

LAMIDIAU , entrepreneur.

MOISON , pharmacien, conseiller général.

NOEL , boucher.

CONDAMNÉS

Au bannissement à temps ou à vie.

BILLARD , JOSEPH-VICTOR , menuisier.

BISSON, aîné, bijoutier.

DANICOURT , homme de lettres.

DUMONT-CÉSAR , propriétaire , conseiller général.

FOURNIER-LARDINOIS , propriétaire.

SEMEL , ACHILLE , principal clerc de notaire.

CONDAMNÉS

A l'internement.

BARDET , typographe.

CARPENTIER , propriétaire.

DEBLOIS , CHARLES , graveur.

DOMARD., éventailliste.

HERMAN , instituteur.

LETELLIN , ouvrier.

LEVÈQUE , vétérinaire.

VI.

SEINE-ET-OISE.

Le département de Seine-et-Oise doit la plupart des rigueurs, qui l'ont frappé, à un ancien vaudevilliste. Le préfet Arrighi et le procureur Guérin se trouvent effacés par Jaime , le commissaire central de police.

Jaime avait commencé par faire des vaudevilles. Le lendemain de la Révolution de Février , il se glissa dans les ateliers nationaux, où il jouait un rôle assez important. Il entra ensuite dans la police et le coup d'Etat l'a trouvé à Versailles , prêt à poursuivre les républicains. La muse des folles aventures et des chansons égrillardes avait tourné solennellement au tragique: elle s'est mise à dicter de nouvelles lettres de cachet, à l'ombre du palais de Louis XIV.

Ce vaudevilliste en colère ne marchait pas seul. Le maire de Versailles , Vauchelle , et le président du tribunal, Bonneville, étaient d'accord avec lui, pour épurer l'ancienne résidence royale et ses environs.

La ville et l'arrondissement de Corbeil étaient livrés en même temps à quelques bonapartistes ardents, parmi lesquels on distinguait l'ancien maire d'Essonne, Feray, allié à l'ex-ministre de la royauté, Salvandy, et frère de ce colonel des lanciers, qui a pris part au coup d'État.

CONDAMNÉS

A la déportation à Cayenne.

CADENET, pharmacien, ex-maire d'Essone.

CAGNAC, ancien serrurier.

Le fils de ce proscrit a été arrêté avec lui. Cagnac est un vieillard, qui compte près de soixante-dix ans.

DELAHAYE, menuisier.

DUMAY, entrepreneur d'ébénisterie.

GARRAND, propriétaire.

GAUCHER, menuisier.

LECUYER, mécanicien.

CONDAMNÉS

A la déportation en Algérie.

BARBIEUX, négociant.

FRÉMONT, journalier.

GUILLOCHIN, ouvrier.

On avait mis en liberté Guillochin, après quelques

semaines d'emprisonnement cellulaire. Il croyait avoir échappé à la proscription. La gendarmerie vient l'enlever tout-à-coup à sa famille, malgré les instances du conseil municipal de la commune. « L'autorité s'est trompée en le relâchant, » disait l'un des sbires de Louis Bonaparte.

ORANGE, chirurgien-dentiste.

Il avait été l'un des candidats du parti démocratique aux élections de la Législative.

POULAIN, instituteur.

ROLAND, capitaine de la garde nationale.

CONDAMNÉS

Au bannissement à temps ou à vie.

SIMON, marchand de vins en gros.

CANAPPE, négociant.

ERAMBERT, professeur à l'École de Saint-Cyr.

C'est le frère de Théodore Six, l'un des proscrits de la Seine. Son crime est le même que celui d'Orange. Il avait été porté aussi par les républicains aux élections de l'Assemblée Nationale.

CONDAMNÉS

A l'internement.

ANGÉ, avocat.

GALLERAND, manufacturier, capitaine en retraite.

L'intervention d'un général, son parent, l'a sauvé des
rigueurs de Lambessa.

LASNE, propriétaire, président de la loge de Versailles.

LECHANTEUR, négociant.

ROLAND, bijoutier.

VII.

YONNE.

Le général Bertrand et ses collègues n'étaient pas encore
installés dans leurs tribunaux secrets, que des complices
zélés recrutaient pour eux dans l'Yonne une multitude de
victimes. Ce soin n'avait pas été laissé exclusivement au
préfet Ornano et au procureur d'Auxerre, Benoît, qui trouvaient un appui complaisant dans le colonel Cheffontaine.
Il avait été confié aussi à d'autres agens et surtout à Carlier, l'ancien préfet de police.

Carlier était envoyé dans quelques départements avec
des pouvoirs extraordinaires. L'Yonne était sur sa route :
le farouche proconsul devait y donner le signal de toutes
les violences.

Un membre de l'Assemblée législative, Frémy, l'accompagnait. Il servait d'éclaireur au préfet de police et à la bande, qu'il traînait à sa suite. Une famille de St.-Sauvin le suppliait de mettre en liberté l'un des siens, qui venait de lui être brusquement enlevé. « Cela m'est impossible, répond Frémy, puisque je ne suis venu que pour diriger les arrestations. » Il se trouvait là dans son berceau, au centre de sa famille. C'était plus qu'un agent de guerre civile. La persécution, à laquelle il servait d'instrument, était une violation sacrilége du foyer, une sorte d'attentat domestique.

L'arrondissement de Joigny n'oubliera pas de longtemps ce que lui a coûté la proscription, conduite ainsi pas à pas par un guide sûr et fidèle. Des villages, qui n'avaient que cinq cents habitants, donnaient cent prisonniers. Quelques républicains voulaient fuir. Mais Carlier et sa bande avaient déjà imaginé ces chasses impies, qui devaient coûter tant de sang et de larmes dans le centre et le midi de la France. Ils traquaient les fugitifs, comme des bêtes fauves. L'un de ces malheureux, qui habitait Bléneau, cherchait un asile dans une forêt. Il est aperçu par des soldats, qui lui lancent une grêle de coups de fusils. Il échappe à la mort, qui pleuvait sur lui de toutes parts. Sa lèvre est seulement déchirée par une balle.

D'autres furieux poursuivaient les républicains dans les autres parties du département. C'étaient des royalistes de toutes les couleurs, qui avaient formé une franc-maçonnerie monarchique sous le titre d'*Union anti-socialiste de l'Yonne*. Ils dominaient surtout dans l'arrondissement de Sens. A leur tête marchait le maire Cornisset, le juge Prou et le sous-

préfet La Peyrouse. Ils avaient à leurs ordres le lieutenant de gendarmerie Braye, qui exécutait servilement
leurs volontés.

CONDAMNÉS

A la déportation en Algérie.

ALLARD, menuisier.

ANSAULT, teinturier.

ASSELINEAU, cultivateur.

AOSTAT, JEAN, journalier.

BALLAN, peintre, ancien capitaine.

Le peintre Ballan a été renfermé à Auxerre dans le
cachot des condamnés à mort. C'est un réduit de deux
mètres de longueur sur un mètre et demi de large. Un
autre républicain, nommé Chauvot, a subi la même captivité. Ils ont failli mourir dans ce hideux cabanon. On
leur a fait attendre pendant près d'un mois la permission de se promener quelques instants deux fois par se-
maine. Ballan avait perdu à moitié la raison. Sa fille
cherche un jour à pénétrer jusqu'à lui, pour lui apporter des consolations et des secours. Elle est repoussée
avec brutalité. On s'étonne qu'elle *demande à voir un
pareil scélérat.*

BELHOMME, CYRILLE, chapelier.

BORDELOT, JULES, propriétaire.

BRESSON, ALEXANDRE, ouvrier.

BELLOT, JACQUES-GERMAIN, horloger.

Il est mort au fort de Bicêtre; c'était un vieillard de soixante-cinq ans.

L'Yonne compte un autre proscrit de ce nom : il appartient à la même famille.

BISCARA, JOSEPH, cabaretier.

BONNEROT, LOUIS, cultivateur.

BOURGEOIS, EDME-ANTOINE, cordonnier.

BREUILLLER, ADOLPHE-PIERRE, sabotier.

BERTRAND, CYRILLE.

BILLARD, hongreur.

BOUCHERON, LÉONARD, maçon.

BEAUPERE, tourneur.

BEAUGER, CHARLES, charron.

BÉRANGER, agent d'affaires.

Un convoi de proscrits, ramassés dans la Nièvre, traversait Auxerre. Il y avait une place vide. La proscription est économe. Elle enlève en passant Béranger, qui se trouvait à l'infirmerie, et le jette dans le convoi. Pourquoi a-t-elle pris Béranger souffrant et malade? Il était plus à portée que les autres.

BERNOT, potier.

BERTHEAU, charron,

BEUVE, tisserand.

BIENVENU, JEAN, garçon boucher.

BOISSARD, tonnelier.

BORDAT, domestique.

BOUILLOT, PIERRE, charpentier.

BOURGUIGNON, maréchal.

BRESSOL, manœuvre.

BRETON, cordonnier.

BREUILLER, couvreur.

BRIOT, propriétaire.

BALLUT, LAZARE, tisserand.

BRUNAT, ancien huissier.

CAUMMANT, journalier.

CHAMPEIN, journalier.

CHAUVAT, propriétaire.

CLOUTIER, journalier.

COEUR, soldat en semestre.

COLAS, CLAUDE, gérant de l'*Union Républicaine*.

Poursuivi par les mêmes haines, le frère de Colas a été envoyé aussi en Afrique.

CORTET, maréchal

CAZAT, ouvrier en peignes.

CRUCHOT, GABRIEL, propriétaire.

COULON, JOSEPH, menuisier.

L'ouvrier Coulon sortait de son atelier, au moment où les déportés passaient dans la rue. On s'empare de lui et on le jette dans le convoi. Il n'avait été jusqu'alors l'objet d'aucune poursuite.

CAZEAUX, FRÉDÉRIC, facteur de port.

COGNE, EUGÈNE, cultivateur.

CAPPÉ, menuisier.

CAS, VICTOR, journalier.

CHARLES, HENRI, marchand de vins.

CHAUFFOUR, JEAN, journalier.

COLLET, ADOLPHE, serrurier.

CHARIÉ, ALEXIS, cultivateur.

CHARPY, FRANÇOIS, cerclier.

La proscription ne s'est pas contentée d'enlever Charpy à sa famille. Elle a pris avec lui deux de ses frères, qui ont été jetés dans le même convoi et dirigés sur l'Algérie.

CHASSERAT, EDME-SÉVÈRE, cerclier.

CRENILLOT, THÉODORE, tailleur.

CAPET, JEAN-PIERRE, cabaretier.

CORNU, fils, propriétaire.

CHEVOT, JULIEN, bucheron.

CORBIN, AUGUSTIN, journalier.

COUVANT, HYPPOLITE, tonnelier.

CHAMBONIEN, JACQUES, sabotier.

DAVID , CHARLES , cultivateur.

DANVILLE , colporteur.

DAPPOIGNY , propriétaire.

DESNOYERS , domestique.

DEROTTE , maréchal.

DROUNET , propriétaire.

DRILLON , menuisier.

DUGAILLON , journaliste, rédacteur de l'*Union Républicaine*.

DUSOULIER , HENRI , potier.

DUMONTEL , HYPPOLITE , , ferblantier.

DELAPRENE , LOUIS , charron.

DUMET , FRANÇOIS , tonnelier.

Un autre membre de la même famille a été condamné aussi à la déportation.

FAUVIN , NICOLAS , vigneron.

FRADET , PIERRE , maçon.

FRÉMIOT , ÉMILE , cordonnier.

FRÉDOUILLE , JULIEN , tailleur d'habits.

GAUTHIER , charpentier.

GESTE , domestique.

GIBRAS , marchand de parapluies.

GIRAUD , propriétaire.

GOUBINAT , cultivateur.

GOUHIER , ouvrier.

GRUAT , CHARLES , cultivateur.

GUILLE , cordonnier.

GOUDRON , PIERRE , propriétaire.

GAUCHARD , JOSEPH , cabaretier.

GUILLEF, FRÉDÉRIC, chirurgien.

GOUIN , JEAN-BAPTISTE , charpentier.

GRENET, médecin et conseiller-général.

Le docteur Grenet était dans l'état le plus douloureux, lorsqu'il a été emporté avec les autres proscrits.
Un accident, dû à l'imprudence de quelques soldats,
avait failli lui coûter la vie. Ces soldats, placés au 2me
étage de la prison , s'amusaient à se renvoyer un pot
de fleurs. C'étaient des joueurs maladroits. Le pot leur
échappe et il tombe sur la tête du docteur, qui se promenait dans le préau. Il en est résulté une paralysie
qui l'a conduit à l'hôpital , mais qui n'a pu le dérober
aux rigueurs de la proscription. Son fils , médecin
comme lui , a été frappé en même temps. Mais il a été
compris dans une autre catégorie. On l'a trouvé moins
coupable , sans doute parce qu'il avait moins d'influence.

GRESLAIN , FRANÇOIS , tailleur.

GUENU , FRANÇOIS , sabotier.

GAUCHER , MICHEL , tanneur.

HUNOT , EDME-FRANÇOIS , meunier,

JEAN , PIERRE , ouvrier.

JOTRAT , taillandier.

JULIEN , ANTOINE, journalier.

JACQUIN , ZÉPHYRIN , tonnelier.

JOLIBOIS , VINCENT , cerclier.

JORLIN, FRANÇOIS , laboureur.

JALUZEAU , TÉLÉMAQUE , négociant.

JOUAN , LAZARE , cultivateur.

LANDRÉ , JEAN , ancien cordonnier.

LAFARGE , PHILIPPE , cultivateur.

LAUGRAND , EDME , limonadier.

LARDILLIER , clerc d'huissier.

LAROCHE , JEAN , charron.

LEVÈQUE , FRANÇOIS , tailleur d'habits.

LADONET , HYPPOLITE , plâtrier.

LAZARE , JEAN , maçon.

LEBOEUF , CÉSAR , sabotier.

LEBERGIER , FRANÇOIS , scieur de long.

Il y a eu deux autres déportés de ce nom. La proscription fait des progrès. Les victimes isolées ne lui suffisent point. Elle frappe déjà par groupes :

Jamque catervatim dat stragem (1)....

---

(1) VIRG. *Georg.* lib. 3.

LYORET , DENIS-ÉTIENNE , journalier.

LACON , JUSTIN-JEAN , charpentier.

LALU , FRANÇOIS , tisserand.

LOREILLÈRE , ÉDOUARD , fabricant de bas.

Le dossier de Loreillère portait qu'il avait été vu avec un moule à balles dans les premiers jours de Décembre. Ce moule à balles, qui menaçait le gouvernement de Louis Bonaparte et la société, c'était sa pipe, qu'il tenait à la main.

MOLÉ , docteur en médecine.

MAGNY , clerc d'huissier.

MARTINOT , serrurier.

MASQUIN , FRANÇOIS , charpentier.

MICHAUT , PIERRE , cordonnier.

MILLOT , cultivateur.

MILLON , laboureur.

MINÉ , ZACHARIE, maçon.

MONTARGNEAU , journalier.

MARION , ANTOINE , cordonnier.

MAYETTE , LOUIS-AMÉDÉE , laboureur.

MULOT , ALEXANDRE , sabotier.

MACARD , cerclier.

MOUCHOT , JEAN , sabotier.

NANDIN , domestique.

PATASSON, musicien.

La famille de Patasson a fourni une seconde victime.

PAULLEVÉ, cultivateur.

PILLON, fils aîné, marchand de bois.

PERREAU, JOSEPH, cultivateur.

Cinq proscrits du nom de Perreau ont été jetés en même temps dans les prisons d'Auxerre. Ils appartenaient à la même famille. C'étaient cinq frères étroitement unis. La police bonapartiste avait voulu les arrêter, dès les premiers jours ; mais ils avaient eu le bonheur d'échapper à ses recherches. On les vit, le 20 décembre, se présenter en armes au bureau de leur commune, pour voter hardiment contre la dictature de Louis Bonaparte. Ils avaient une jeune sœur, qui demeurait avec eux et gouvernait la maison. Le préfet ordonne de l'arrêter. On la conduit à Auxerre et on lui déclare qu'elle restera en prison, tant que ses frères ne viendront pas la remplacer. « Puissé-je y rester toujours ! » s'écrie la jeune fille. Ses frères apprennent ce qu'elle est devenue. Ils rivalisent avec elle de générosité et se remettent entre les mains des agents de Louis Bonaparte. Trois d'entr'eux ont recouvré leur liberté, après une détention de quelques mois. Les deux autres ont été dirigés sur l'Afrique.

PICHON, FLORENTIN, ouvrier.

PICQ, EDME, sabotier.

PIERRE , BENJAMIN , cultivateur.

PIMOT , THÉOPHILE , tailleur.

PRÊTRE , LOUIS , potier.

PRIOULEAU , JEAN , scieur de long.

PUISSANT , FRANÇOIS-GEORGES , propriétaire.

PUJOS , BENOIT-AUGUSTE , tourneur.

PAUGÉ , JACQUES , scieur de long.

Un parent de ce proscrit a été frappé de la même condamnation.

PERRUCHOT , EDME , vigneron.

PINSON , JEAN , maréchal.

POIRIER , JEAN-CLÉMENT , charpentier.

PAUTRAT , JACQUES , domestique.

PEZÉ , JEAN-BAPTISTE , libraire.

RAGON , JEAN-JACQUES-HYPPOLITE , ancien notaire.

RAMEAU , DOMINIQUE , aubergiste.

Ce nom a été presque aussi maltraité que celui de Perreau. Il se retrouve quatre fois parmi les déportés de l'Yonne.

RAVIER , THÉODORE-ÉTIENNE , cultivateur.

RENAUD , CHARLES-ÉTIENNE , menuisier.

RICHARD , CHARLES-BORRHOMÉE , journalier.

RIVIÈRE , LOUIS-HECTOR , maréchal.

ROUSSEAU , EDME , tailleur.

Un autre Rousseau a été aussi relegué en Algérie.

ROUX, JOSEPH, maréchal.

RHODEZ, CHARLES-HYPPOLITE, serrurier,   *

REY, FRANÇOIS, officier de santé.

ROBLIN, GERMAIN, journalier.

SAGETTE, GERMAIN-PIERRE, journalier.

SAISON, JULES-ALFRED, cultivateur.

SALLOT, EDME-FRÉDÉRIC, cafetier.

SARRASIN, EUGÈNE, ouvrier.

SAVEREAU, PAUL, tailleur.

SELIER, FRANÇOIS-PIERRE, menuisier.

SIMON, ANDRÉ, couvreur.

SIRET, LOUIS-MARTIN, propriétaire.

SONNET, GABRIEL, cultivateur.

SYBILLOT, FRANÇOIS-BERNARDIN, propriétaire.

THIBAULT, FRANÇOIS, charpentier.

TOUTEL, OCTAVE, ferblantier.

TRICOTET, PIERRE-LÉON, cordonnier

Le frère de Tricotet a été condamné à partager son exil.

TESSAIN, ISIDORE, vigneron.

TESTARODE, EDME-PIERRE, marchand de vins.

TISSIER, ROCH, cultivateur.

TRICOLOT, EDME, bûcheron.

TRICHARD, ALEXIS, maréchal.

VANAKER, ÉMILE, plâtrier.

VAUZELLE, FRANÇOIS, ouvrier.

VEZIN, PIERRE-JACQUES.

VALLÉE, PROSPER-PHILIPPE, ébéniste.

VINCENT, AUGUSTE, sabotier.

VOISIN, BENOÎT, cordonnier.

Cette grande phalange de travailleurs, que la République doit émanciper complètement, n'a pas eu, dans ces dernières années, un interprète plus intelligent que Voisin. C'est un esprit cultivé et poli, sous la blouse grossière de l'ouvrier. La langue de la poésie lui est familière. Il a eu le bon sens et la sagesse, en poursuivant ces joies de l'esprit, de rester fidèle au travail, qui le nourrissait, lui et sa famille. Les démocrates l'avaient porté aux élections de l'Assemblée constituante. Les proscripteurs de l'Yonne, en frappant Voisin, ont voulu frapper plus qu'un homme. Leurs coups s'adressaient surtout à cet esprit heureusement révolutionnaire de notre siècle, qui promet de créer une vie nouvelle dans les profondeurs des masses populaires.

VINOT, CHARLES-AUGUSTE, étudiant en médecine.

YVORET, ULYSSE, limonadier.

CONDAMNÉS

Au bannissement à temps ou à vie.

BARBIER, docteur en médecine.

DETHOU, propriétaire, membre du conseil d'arrondissement.

HENRI, clerc d'avoué.

HÉMOT, architecte, ancien adjoint.

LEFORT, officier, médecin.

LEFEBVRE, ARSÈNE, médecin.

C'est le frère de ce notaire de l'Aube, qui a été poursuivi avec tant d'acharnement. Il s'était réfugié en Amérique. Mais les fatigues et les souffrances d'une fuite, pleine d'angoisses, avaient miné profondément sa vie. Il emportait avec lui à travers les mers le germe d'une maladie, qui devait abréger ses jours. Il a demandé en mourant, que ses restes fussent rapportés en France. Puisse la liberté, pour laquelle il est mort, luire au moins sur sa tombe !

MANCEL, négociant.

ROUILHES, maître d'anglais.

VINOT, docteur en médec

Le docteur Vinot a été frappé de la peine, qui était destinée à son fils. Les collègues du général Bertrand, ces juges si bien accouplés à des sabres, ont pris l'un pour l'autre. Grâce à cette erreur, le père échappe à la déportation ; mais il a la part du fils, c'est-à-dire l'exil. Il fallait deux victimes. Aucune des deux n'a manqué. La tyrannie trouve toujours son compte.

CONDAMNÉS

A l'internement.

GUÉNIN, fils, cordonnier.

JUSTIN, clerc de notaire.

NICOLLE, ELIE, ferblantier.

ROCHE, CLAUDE, bourrelier.

SIMON, vannier.

Au nombre des citoyens soumis à la surveillance, figure un propriétaire, nommé Michel, qui a passé cinq mois en prison et qu'on a tenu au secret pendant quelques semaines. Il était accusé d'avoir imaginé un plan de barricade. C'était le plan, en relief, d'une maison qu'il voulait construire. On lui reprochait un autre crime. Il avait reçu quelques lettres de Raspail.

LIVRE VIII.

La proscription dans les départements du Nord.

—————

I.

Nos révolutions se font moins sentir dans le Nord que dans les autres parties de la France. Les passions y sont moins vives, les caractères moins ardents. Il n'y a pas là, comme ailleurs, deux partis toujours prêts à venger les injures du passé. La guerre civile n'y trouve pas les mêmes instruments; elle n'y laisse pas les mêmes traces.

La proscription n'a fait que s'essayer, pour ainsi dire, dans le Pas-de-Calais et la Seine-Inférieure.

Elle a porté des coups plus rudes dans le département du Nord, qui a été atteint principalement dans les organes de la presse républicaine. L'opinion démocratique ne comptait nulle part autant d'interprètes sûrs et dévoués. Ces journaux et les écrivains, qui les rédigeaient, ont porté presque tout le poids de la persécution. Ils ont disparu, les uns et les autres, dans la tempête.

C'est le département de l'Eure, qui a le plus souffert. Il semble qu'on ait voulu lui faire expier son vieux libéralisme. La main des proscripteurs n'a pas encore fini de le frapper.

Toutefois, la dictature bonapartiste n'a pas épuisé ici ses rigueurs, comme sur les autres points de la République. La plupart des républicains, qui ont été enveloppés dans ses colères, ont eu le bonheur d'échapper à Lambessa et à Cayenne. Ceux qui ont été compris dans les mesures les plus sévères n'ont eu à supporter en général que l'exil.

Quel temps que celui où les citoyens doivent se trouver heureux de n'avoir perdu que la patrie, c'est-à-dire de subir la peine, que les Républiques de Rome et d'Athènes réservaient pour les plus grands crimes !

II.

EURE.

Membres de la Commission

GUYOT, préfet.

DROUOT, chef de bataillon.

LEGENTIL, procureur de la République.

Le zèle bonapartiste, déployé par Guyot dans le dépar-

tement de l'Eure, devait être éclipsé par le préfet, appelé
bientôt à lui succéder. C'était un gentillâtre, nommé de
Ste-Croix. Il arrivait des Deux-Sèvres, où il avait essayé
ses violences, et, comme si la proscription devait le suivre
désormais partout, il a repris à Evreux sa besogne de Niort.

Ces colères posthumes n'ont pas été du goût de Drouot.
Il s'était associé aux mesures de la commission; mais il
n'a pas voulu continuer le rôle d'exécuteur. Il a trouvé
sans doute que c'était assez pour son nom d'avoir servi
une fois d'instrument à la tyrannie.

Il y a eu moins de pudeur dans le procureur Legentil.
Cet étrange représentant de la loi peut être considéré comme
l'idéal des magistrats aux époques du despotisme. Il ne
recule devant aucun abus du pouvoir. Il est prêt à couvrir
d'un texte juridique tous les excès de la force, pourvu
qu'elle se présente sous le masque du gouvernement.

Les deux préfets de l'Eure ont trouvé Legentil à leur
service. Qu'il en vienne un troisième avec de nouvelles
rigueurs, c'est-à-dire de nouveaux attentats contre la fortune
ou la liberté des citoyens, il marchera d'accord avec lui.
Où es-tu, religion du droit, inviolable justice?

C'est ce procureur qui a traîné en police correctionnelle
les membres du tribunal consulaire d'Évreux, parce qu'ils
s'étaient montrés prêts à remplir leur mandat, sans vouloir prêter serment au crime de Louis Bonaparte.

CONDAMNÉ

A la déportation à Cayenne.

GAVELLE, serrurier.

CONDAMNÉS

A la déportation en Algérie.

BAUQUER, marchand.

DELARIVIÈRE, propriétaire.

HOULLIER, avocat.

IMBERT, cultivateur.

MAUTEIL, propriétaire.

SOYER, mécanicien.

CONDAMNÉS

A l'internement.

AROUX, ancien manufacturier, propriétaire.

ASSELINEAU, libraire, adjoint au maire.

AVIGNON DE MORLAC, avocat, conseiller-général.

Avignon avait été interné à Rennes, à la suite des événements du 2 Décembre. Quelques semaines après, il rentrait à Verneuil; mais il ne tardait pas à en être chassé, parce qu'il avait eu l'audace de se présenter aux élections départementales. « Au lieu de rendre hommage au gouvernement qui le couvrait de sa miséricordieuse bonté, dit le journal de la Préfecture, il n'a cherché qu'à tourner contre le gouvernement le bienfait qu'il en avait reçu. Il s'est mis à recommencer sa propagande d'avant Décembre et a poussé l'outrecuidance de l'ingratitude jusqu'à se préparer une candidature au conseil général par des circulaires où il étalait tous ses anciens titres à l'estime des gens qui nous conduisaient au carnaval démagogique. M. le préfet de l'Eure a dû le rappeler et l'a rappelé à la loi de la pudeur violée. Il lui a expédié des gendarmes, qui l'ont conduit dans la prison d'Evreux, où il va séjourner, jusqu'à ce que l'autorité, dont il a affronté la sévérité, le fasse réintégrer dans le lieu où il devait rester interné. »

BONHOMME, clerc d'avoué.

CHEVAL, commis-négociant.

GRANDIN, contre-maître de fabrique.

GROSFILLAY, médecin, conseiller-général.

Il en a été de Grosfillay, comme d'Avignon : il a été incarcéré comme un malfaiteur et interné une seconde fois, parce qu'il avait accepté une candidature au conseil général. La cité disparaît, pour les républicains, sous le gouvernement de Louis Bonaparte. La France elle-même cesse d'être une patrie. Ce n'est plus que le fief du fils adultérin de la reine Hortense.

HUBERT, ancien instituteur.

LEMELLE, propriétaire.

D'autres noms ont été ajoutés plus tard à cette catégorie
de proscrits. Il y avait cinq mois environ que la commission
de l'Eure avait rendu ses arrêts, lorsque le nouveau préfet,
peu content des progrès du bonapartisme, s'avisa de frapper
à la fois plus de quatre-vingts citoyens. On compte parmi ces
nouvelles victimes :

CAMEL, ancien Représentant du Peuple.

DAVY, avoué, ancien Représentant du Peuple,
parent de Dupont de l'Eure.

DUMONT, ancien Représentant du Peuple.

FLÉAU, avocat, ancien préfet.

LEGENDRE, ancien député, ancien Représentant
du Peuple.

RICHARD-PAPON, avoué.

VERNEY, ancien président du tribunal de commerce.

L'ex-président Verney est l'un de ces magistrats consu-
laires, que le procureur Legentil a lâchement livrés à la
police correctionnelle, pour avoir manqué de respect au
parjure de Louis Bonaparte. Acquitté à Évreux, il a dû
comparaître avec ses collègues devant la cour de Rouen,
qui a confirmé la sentence des premiers juges. La cour
était présidée par Franck-Carré, qui portait la parole dans
le procès de Boulogne, et qui dit à Louis Bonaparte moins
criminel alors qu'au 2 Décembre : « Vous avez fait prati-

quer l'embauchage et distribuer l'argent pour acheter la trahison. »

III.

NORD.

Membres de la Commission.

BESSON, préfet.

D'ANDRÉ, général de division.

CAMESCASSE, procureur de la République.

Un nom propre a été donné à la proscription bonapartiste dans le département du Nord : elle s'y appelle Besson.

Le général d'André et le procureur Camescasse ont voulu, dit-on, rester étrangers aux mesures de rigueur, qui ont frappé les républicains. Il paraît certain que, s'ils n'ont pas repoussé la violence, ils ne l'ont pas du moins appelée.

Besson aurait eu d'autres goûts. Il a été obligé de se contenir. C'est un de ces orléanistes, qui ont fait une industrie de la vie publique. Le patronage de la famille Périer l'avait introduit dans l'administration. Sa servilité a fait le reste.

Préfet à Toulouse, avant de l'être à Lille, Besson avait rendu au gouvernement espagnol des services obscurs et honteux. Il s'était préparé à proscrire lui-même,

en persécutant, dans leur exil, quelques proscrits Cata-
lans. Le gouvernement de Madrid voulut lui en témoigner sa reconnaissance et l'ordre de Charles III fut con-
féré au préfet de la Haute-Garonne. Mais dans l'intervalle,
Besson était parti pour le département du Nord, et les
insignes de l'ordre royal tombèrent entre les mains de
Maupas, qui les arrêta au passage. Une querelle a failli
éclater entre les deux compétiteurs. La cour d'Espagne les a reconciliés en adressant directement à Lille une
autre décoration.

Le préfet du Nord a le goût des croix. Signe de valet.

Mais son ambition n'est pas toujours servie par la
fortune. La Révolution de Juillet lui avait donné une médaille. C'était peu, il faut en convenir, pour un scribe
de Casimir Périer. La médaille, sous sa main, s'est
transformée en croix et il s'est paré bravement de ce
mensonge, jusqu'à ce que le cri de l'opinion publique
l'en a dépouillé.

Qu'on donne à cet homme des rubans et des plaques;
il livrera sans hésiter tout ce qui lui reste de conscience.

CONDAMNÉS

Au bannissement à temps ou à vie.

BIANCHI, rédacteur en chef du *Messager du Nord*,
   membre du conseil général.

DEBUCHY, mécanicien.

MEURS, rédacteur de l'*Indépendant*.

MARTINACHE , docteur en médecine.

THIREFOCQ , agent d'assurances.

CONDAMNÉS

A l'internement.

DESWARLEY , cafetier.

L'établissement de Deswarley a été fermé. Plusieurs autres établissements ont éprouvé le même sort. Le bonapartisme, qui mange et boit, comme Vitellius, a voulu partout affamer ses adversaires.

DUPONT , rédacteur du *Démocrate du Nord*.

GRAMAIN , rédacteur de l'*Écho du Nord*.

On a déjà vu parmi les proscrits de l'Yonne le nom de Gramain. Le rédacteur de l'*Écho du Nord* appartient à la même famille. Ce sont deux frères que la proscription a frappés sur deux points différents.

GRENIER , rédacteur du *Libéral du Nord*.

Au nombre des citoyens soumis à la surveillance de la haute police , figurent plusieurs représentants de la presse républicaine.

ANTOINE , administrateur de la *Voix du Proscrit*.

CLAVELLY , rédacteur du *Républicain du Nord*.

14

IV.

PAS-DE-CALAIS.

Membres de la Commission.

COMBES-SIEYÈS , préfet.
BOIS-LE-COMTE , général de division.
PAGARD , procureur de la République.

Ramassé par Louis Bonaparte dans les bagages de l'orléanisme, où la République l'avait laissé, Combes-Sieyès a voulu justifier cette faveur. Il apprend les événements de Paris et se jette en avant avec toute l'ardeur d'un aventurier. Un arrêté , digne de l'Élysée , menaçait de mort tout habitant d'Arras , qui oserait paraître en armes dans la rue , pour défendre les institutions républicaines.

Le général Bois-le-Comte s'est montré moins ardent que le préfet , qui, se défiant de sa mollesse , lui a substitué plus d'une fois dans le sein de la commission le colonel Doullembourg , toujours prêt à répondre aux appels de la force. C'est ce qui est arrivé, quand il a fallu frapper Ayraud-Degeorge , l'un des proscrits.

Bois-le-Comte est un ancien aide-de-camp du général Bourmont. Il était légitimiste à l'époque de la prise d'Alger. La Révolution de Juillet le conduisit bientôt après sous le drapeau de Louis-Philippe. Après la Révolution de Février, on l'a vu assister à l'enlèvement de la statue que la flatterie avait élevée au duc d'Orléans sur l'une des places de Saint-Omer. Il était républicain et il est aujourd'hui bonapartiste. C'est un vieux soldat, qui glisse en silence, avec armes et bagages, sur la pente des événements.

Pagard avait été précédé au tribunal d'Arras par le procureur Blondel, qui n'avait rien refusé aux emportements du préfet. Il a recueilli docilement cet héritage de fureurs et de violences.

Son substitut, Bottiaux, a marché bravement à côté de lui. Peut-être même s'est-il placé au premier rang. Il est plus jeune : il n'a voulu rien perdre, dans cette lutte impie, des avantages de la jeunesse. De là des arrestations sans nombre : de là toutes sortes de poursuites contre les citoyens restés fidèles aux lois.

Chaque arrondissement a été témoin des mêmes violences qu'Arras. Les sous-préfets rivalisaient de zèle et multipliaient à l'envi les persécutions contre le parti démocratique.

Le plus ardent de tous était celui de St-Omer. C'est le neveu de Carlier, l'ex-préfet de police. Il se nomme Levert. Il a voulu montrer, par son exemple, que le coup d'État était une orgie. Il se présente, le 1er janvier, au bal de St-Omer dans un état d'ivresse et, s'adressant au général d'André, qui était assis à une table de jeu : « D'André, vive l'Empire ! » s'écrie-t-il et il lui fait sauter les cartes de la main. Il fallut reconduire à son hôtel ce prétorien en habit noir.

Quelques hommes se groupaient autour de Levert et l'aidaient dans son rôle violent. Le procureur Caron était de ce nombre. Il disait publiquement, le 2 Décembre, que le coup d'État était une folie. Le lendemain, il servait cette folie avec un dévouement absolu.

CONDAMNÉS

Au bannissement à temps ou à vie.

BAYARD-VARLET, charpentier.

Quand Varlet fut arrêté, la police du coup d'État et ses amis répandirent le bruit qu'on avait trouvé dans sa maison un modèle de guillotine perfectionnée. La fable avait bien choisi son nid. Varlet était démocrate; il était charpentier. Comment n'aurait-il pas fait des guillotines? On a montré partout le spectre rouge et son fantôme, pour faire passer la dictature et ses débauches militaires.

> CAUVET, THÉOBALD, propriétaire.
> DERON, LOUIS, fabricant de briques.
> LEFEBVRE, JEAN, cafetier.

CONDAMNÉS

A l'internement.

AYRAUD-DEGEORGE, ancien préfet, rédacteur du *Progrès*.

C'est dans la Vienne qu'Ayraud a été d'abord interné. Il

trouvait là quelques membres de sa famille , c'est-à-dire
une partie de lui-même. La proscription s'était évidemment
trompée. Elle s'est hâtée de réparer son erreur , en repous-
sant Ayraud jusque dans la Charente. Cet internement, qui
menaçait de devenir un voyage forcé à travers la France ,
était pire que l'exil. Ayraud s'est réfugié en Belgique. Il
pouvait espérer plus que d'autres que la proscription ne
l'atteindrait pas. C'est le gendre de Frédéric Degeorge , le
secrétaire de l'Assemblée Constituante. Frédéric Degeorge
avait été l'ami du prisonnier de Ham. Que de services ne
lui a-t-il pas rendus pendant sa captivité ! Louis Bonaparte
lui témoigne aujourd'hui sa reconnaissance, en poursuivant,
comme un criminel, le mari de sa fille. On dit que le dictateur lisait avec plaisir , dans sa jeunesse , le *Traité des*
Bienfaits. Sénèque a du malheur : il aura été deux fois le
précepteur de Néron.

BARDIN , LÉOPOLD , propriétaire.

BELLEGUISE , JULES , serrurier.

DEBASSEUX , charron.

La commission n'avait point frappé Debasseux. C'est le
préfet, qui l'a chassé du département, parce qu'il avait voté,
pour le Corps législatif , contre le candidat bonapartiste.

LEUEILLET , menuisier.

VANHENDE , CHARLES , professeur.

Quelques citoyens, qui avaient mal accueilli l'orgie du 2
Décembre, ont été renvoyés devant la police correctionnelle.

L'avocat Lebeau, membre du Conseil Général, a été compris dans cette odieuse poursuite. C'était l'honneur même conduit par les gendarmes sur la sellette des délits.

V.

SEINE-INFÉRIEURE.

Membres de la Commission.

LEROY, Ernest, préfet.
GUDIN, général de brigade.
DAVIEL, procureur-général.

Parmi ces trois noms, qui se sont prostitués au bonapartisme, il en est un qui efface l'infamie des deux autres. C'est celui du procureur Daviel.

Quelques jours avant le coup d'État, Daviel était à l'Assemblée nationale, où Louis Bonaparte l'avait jeté comme garde-des-sceaux. C'était le masque de la bêtise loué par le crime.

Heureux et fier de son rôle, le nouveau ministre affectait le plus grand respect pour la loi. Il s'inclinait devant l'autorité du Parlement. Ce qu'il réclamait pour le pouvoir exécutif, c'était l'exercice de sa prérogative, qui lui inspirait les plus tendres complaintes. Le langage était ridicule et bouffon; mais il semblait honnête, tellement honnête, que la petite escouade bonapartiste, répandue dans l'Assemblée, en jetait les hauts cris. L'un des chefs de la bande, celui qui se nomme le prince Murat, poussait l'indignation jusqu'à lui montrer publiquement son poing, deux fois digne d'un héros d'Homère. Ce n'était pas l'orateur qu'il menaçait. Qu'avait-il à faire avec l'éloquence? Il insultait le citoyen, l'ami de la loi, le ministre probe et loyal, qui rendait un hommage public et solennel à la souveraineté du peuple et à ses mandataires.

Le coup d'Etat s'exécute. Daviel assiste, comme un spectateur indifférent, à la ruine des lois dont la garde lui a été confiée; il assiste à la chute et à la dispersion de l'Assemblée nationale; il assiste à l'égorgement des citoyens.

Puis, il court reprendre à Rouen son siége de procureur-général, pour frapper et proscrire les républicains, qui ne s'inclinent pas de bonne grâce devant la dictature sanglante du 2 Décembre. Les meilleurs valets sont ceux qui changent de rôle selon les désirs du maître.

Daviel n'était guère connu, avant son ministère, que par un ouvrage sur les *Cours d'eau*. Il avait pris le côté champêtre et pastoral de la jurisprudence. C'est un bourreau, qui a passé par l'églogue. Seulement, il entend l'églogue à sa manière.

CONDAMNÉS

Au bannissement à temps ou à vie.

BACHELET, ancien avoué.

De BOUTEVILLE, propriétaire.

CARON , peintre en bâtiments.

CHESNÉE , ancien commerçant.

DUBOC , marchand.

GAFFNEY, rédacteur en chef du *Journal du Hâvre.*

Le *Journal du Hâvre* avait signalé le premier les infâmes spéculations que couvrait la *Loterie des lingots d'or*. Il avait, de plus, initié le public au secret de cette conférence dans laquelle l'auteur de *l'Histoire du Consulat* avait dit à quelques négociants du Hâvre, qui le consultaient sur l'élection du prisonnier de Ham : » Élire Louis Bonaparte ! Ce serait déshonorer la France. » Deux souvenirs importuns , deux crimes, qui devaient être expiés. Gaffney a été sacrifié à cette double rancune.

LEBALLEUR-VILLIERS, fils du Conseiller.

SALVA , marchand.

VOISEL , négociant.

Mme Voisel a été bannie en même temps que son époux. Louis Bonaparte aurait pu la faire égorger. Il se contente de la bannir. Il doit se croire généreux. Tibère, apprenant la mort d'une romaine, se vantait hautement de ne l'avoir fait ni étrangler , ni jeter aux gémonies.

LIVRE IX.

La proscription dans les départements de l'Est.

———

I.

Le patriotisme des populations de l'Est , qui fournirent toujours des défenseurs à la liberté, devait exciter les fureurs de la dictature bonapartiste et de ses partisans. Il y avait là un foyer de républicanisme. La proscription va en faire une arène de guerre civile.

Ses violences ne se font pas sentir également partout.

Elle n'atteint que légèrement la Haute-Marne, la Moselle, la Meuse et le Bas-Rhin.

Les Ardennes, la Côte-d'Or , le Jura , la Meurthe et les Vosges sont frappés avec plus de rigueur.

Mais c'est le département de Saône-et-Loire , qui subit la plus cruelle épreuve. Comment le pouvoir de l'usurpateur n'aurait-il pas pesé de tout son poids sur ces villes de Mâcon et de Châlons, qui étaient entrées si résolument dans la République ? Le département de Saône-et-Loire comptait déjà huit victimes parmi les membres de l'Assemblée nationale, que le coup d'État avait rejetés au delà des frontières.

C'est ainsi que l'héritier de l'Empereur prétend recueillir sa succession sur ce vieux sol de la Champagne, de la Lorraine et de la Bourgogne, qui a donné tant de soldats à l'Empire. Tels sont les exploits par lesquels il se montre à ces généreuses populations de l'Est, dont le dévouement à la patrie n'a jamais reculé devant aucun sacrifice.

Voici les aigles, qui reviennent, ô dignes fils des héros de Bar, de Montmirail et de Champaubert ; mais ce n'est plus pour s'élancer sur les Prussiens et les Cosaques, c'est pour déchirer vos entrailles.

II.

ARDENNES.

Membres de la Commission.

FOY, préfet.
BERRYER, général de brigade.
BERRY, procureur de la République.

Les noms de Foy et de Berryer inscrits ensemble parmi les proscripteurs bonapartistes, quel spectacle ! quel enseignement ! Et comment pourrait-on mieux

peindre la situation morale et politique des deux partis
qui poursuivent encore, au milieu de nos querelles,
le vieux fantôme de la royauté ?

Tiburce Foy ne paraît pas avoir montré autant d'ardeur que Berryer pour frapper les démocrates au nom
du bonapartisme. Le frère de l'orateur légitimiste, qui
devait à l'aventurier de Boulogne le grade de général,
a voulu sans doute se montrer digne de ses faveurs.

On pourra juger de ses sentiments par la violence
de son langage.

Voici dans quels termes le général Berryer conviait
ses soldats à prêter serment à Louis Bonaparte.

« Jurer fidélité au prince, s'écriait-il, c'est jurer
une haine implacable à ces doctrines infâmes, à ces
doctrines abominables, qui ont jeté la terreur dans tous
les esprits, le deuil dans toutes les familles et qui ont
mis la France à deux doigts de sa perte ; c'est jurer
une guerre de tous les instants, une guerre à mort à
ces hommes odieux et pervers, à ces misérables sans
pudeur et sans honte, qui, dans leur insolent orgueil,
ont eu l'audace de rêver la destruction de la société.

» Déjà ces hommes procédaient à cette œuvre impie
par le pillage, par le viol, par le parricide même ;
et aujourd'hui encore, ils se vengent de leur défaite, en
assassinant lâchement nos soldats et en promenant l'incendie dans nos contrées désolées.

» Béni soit Louis Napoléon, le digne héritier de
notre grand empereur ! Il n'a pas permis que ces sa-
turnales sanglantes pussent s'accomplir. »

Quelle audace ! et que de mensonges ! C'était le libelle-bonapartiste, armé d'un sabre et paradant avec orgueil dans une caserne, à côté de ses victimes.

Le procureur de la République, Berry, a fait moins de bruit ; mais il ne s'est guère montré moins violent contre les républicains. C'était un magistrat de la Révolution, honteux de son origine.

Il a trouvé, pour le seconder, un autre déserteur de la foi républicaine, le maire de Charleville, Adolphe Lechanteur, qui présidait, après les journées de Février, un club démocratique.

CONDAMNÉS

Au bannissement à temps ou à vie.

BRÉCAUT, rentier.

CHARDENOT, professeur.

DESMARET, cafetier.

Ce proscrit habitait Reims au moment du coup d'État. Il est interné à Lille par la commission de la Marne. Il obtient de se rendre à Mézières, où l'appelaient d'anciennes relations et où il pouvait reprendre son industrie avec quelque avantage. Il apprend, à son arrivée, que la commission des Ardennes l'a condamné au bannissement.

DUBOIS, géomètre.

FAILLE, docteur en médecine.

HAUROT, cordonnier.

JOUART, limonadier.

KARCHER, rédacteur du *Républicain de Sédan*.

L'écrivain démocrate avait quitté le département depuis deux années environ. L'ostracisme bonapartiste est allé le frapper à Londres, où il s'était retiré. On a exilé des morts : pourquoi n'aurait-on pas exilé des absents ?

LAURENCY, aubergiste.

LALLEMAND, cordonnier.

LALBERTEAU, négociant.

LAURENT, tailleur.

MANY, prêtre, ancien candidat aux élections de l'Assemblée Constituante.

NEVEUX-BORGUET, épicier.

PARPAITE, négociant.

ROLLE, ébéniste.

ROUSSEAU, nestor, brasseur.

ROLAND, avocat.

CONDAMNÉS
A l'internement.

BELLE, architecte.

BERNARD, pêcheur.

La pêche est l'unique ressource de Bernard et de sa famille. C'est pour cela sans doute que les agents de Louis Bonaparte l'ont interné loin des fleuves et des rivières, qui pouvaient le faire vivre, lui et les siens. L'internement, c'est la faim dans la pensée des proscripteurs bonapartistes.

BOURNIZET , propriétaire , ex-maire.

COLLINET , docteur en médecine ,

COUSIN-VESSARON , chaudronnier.

DHONNAY , gérant de l'Épicerie Sociétaire.

DURIEZ , ancien avoué.

FOURNERET , épicier.

GUÉRY , armurier.

HENRIONNET , agent d'affaires.

HUART , rédacteur du *Propagateur*.

MANCEAUX , tonnelier.

ROBERT , Louis , ancien Représentant du Peuple , ancien secrétaire de l'Assemblée Constituante.

VINOT , libraire.

III.

COTE-D'OR.

Membres de la Commission.

DEBRY , préfet.

GAGNON , général de brigade.

RAOUL-DUVAL , procureur-général.

Une sorte de tradition domestique semblait rattacher

d'avance le préfet Debry au coup d'État du Deux Décembre.

Son père avait figuré dans la Convention et il proposa un jour à ses collègues d'établir un corps de quinze cents hommes, qui seraient chargés de faire une guerre souterraine à la tyrannie et de la poursuivre, le poignard à la main, jusqu'aux extrémités du monde. Chargé d'une mission en Autriche avec deux autres représentants, il y fut assassiné ; mais il survécut à ses blessures, pour saluer bientôt le Dix-huit Brumaire et devenir ensuite l'un des valets de l'Empire.

Le préfet de la Côte-d'Or a voulu rester fidèle à ces souvenirs de famille. Il s'est attaché, dès le premier jour, à la fortune de Louis Bonaparte. Le procureur Duval et le général Gagnon n'ont été que des instruments entre ses mains.

Debry ne s'est pas contenté de grouper autour de lui les chefs de la magistrature et de la force publique, pour tomber sur les républicains. Il a invoqué le concours des royalistes, qui ont été heureux de seconder ses projets.

C'est dans le conseil municipal de Dijon qu'il a trouvé ses plus fougueux complices. Les ennemis de la République y dominaient, depuis que les démocrates l'avaient abandonné, pour ne pas s'associer à cette usurpation du Parlement, qui avait prorogé les pouvoirs locaux.

Le maire André et ses deux adjoints, Moussies et Lombard, ont adopté et soutenu toutes les mesures de rigueur, que le préfet leur a proposées contre les défenseurs des institutions républicaines. Leur exemple a été suivi par la plupart de leurs collègues.

Il y en a deux surtout, dont le nom mérite d'être cité.

Le premier est un conseiller à la cour d'appel : il se nomme Chanoine. Ses emportements et ses passions l'ont fait surnommer *la hyène des Amis de l'ordre.*

Le second est un juge-de-paix, du nom de Dumoulin. Il avait été destitué par la République ; mais il a été replacé par le gouvernement de Louis Bonaparte. Il figurait parmi les insurgés, qui envahirent, au 15 mai, l'Assemblée Constituante et il demandait, au milieu des groupes, que les Représentants fussent jetés par les fenêtres. Il fut l'un de ceux qui entonnèrent la *Carmagnole* sur la place de Bourgogne. Le royalisme avait appris déjà à se couvrir du masque de la démagogie.

Cette société des *Amis de l'ordre,* dont Chanoine était l'ornement, a fourni d'autres complices, presque aussi zélés, au préfet de la Côte-d'Or. Tel a été le rôle de l'ancien notaire Chabeuf, du négociant Gauteret, et de l'avocat Vernier, qui a mérité par ses services que le gouvernement le portât au Corps législatif.

Le lendemain du coup d'État, tous ces furieux délibéraient avec le Préfet sur les moyens d'anéantir le parti démocratique, et ils arrêtaient ensemble une liste de sept à huit cents victimes. Ils avaient eu le temps de se préparer à cette exécution. Déjà, dans la journée du dimanche, il circulait parmi eux une lettre dans laquelle un capitaine de tirailleurs de Vincennes, nommé Morcrette, annonçait à sa famille que le moment était venu de se débarrasser des rouges et que l'armée se préparait à les exterminer.

CONDAMNÉS

A la déportation en Algérie.

BERNIER, AUGUSTE, propriétaire.

BRUILLARD, perruquier.

CARION, JULES, négociant, sous-commissaire de
la République.

Jules Carion avait été arrêté, avec quelques autres
démocrates, au moment où il préparait des placards, qui
appelaient aux armes les citoyens dévoués à la République.
Le juge d'instruction, Cornereau, veut lui faire subir un
interrogatoire. Carion se réfugie dans son droit. Il a voulu
défendre la République attaquée et trahie. La Constitution
pour laquelle il s'armait, le couvre de son inviolabilité.
« Au nom de qui prétendez-vous m'interroger? dit-il au
juge prévaricateur. — Au nom du plus fort, » répond
cyniquement l'odieux magistrat.

COUCHOT, cultivateur.

DUTRONE, tailleur.

ECHAILER, BERNARD, ancien banquier.

FLASSELIÈRE, licencié en droit.

Des haines ardentes poursuivaient Flasselière, qui avait
servi doublement la République, comme fonctionnaire et
comme écrivain. On aurait peut-être oublié le commissaire
du gouvernement provisoire; mais le journaliste le rappelait

15

sans cesse par les coups vigoureux de sa polémique. La
veille même, il flagellait avec sa verve ordinaire toute cette
cohue de traîtres, qui conspirait la ruine de nos institutions. On l'arrête dans les premiers jours de Décembre. On
interroge, on fouille sa vie, pour y trouver des délits et
même des crimes. Toutes ces recherches sont inutiles. Alors
on imagine qu'il a fait mourir de chagrin sa mère, ainsi
que la femme qui l'avait remplacée. Or, il n'avait que deux
ans dans le premier cas et cinq dans le second. Cette fable
hideuse a été glissée lâchement dans son dossier et la
commission n'a pas rougi de l'accueillir.

GABRIEL, ancien inspecteur des finances.

IVORY, GÉDÉON, rentier.

JULLIEN, typographe.

JOURDEUIL, cafetier.

LEGER, vigneron.

LAVOCAT, confiseur.

MACHARD, géomètre.

MONNOIROT, serrurier.

POUPON, défenseur au tribunal de commerce.

ROUSSEAU, couvreur.

Le frère de Rousseau a été enveloppé dans la même
condamnation et transporté en Algérie.

SOULLIÉ, agent d'assurances.

Un soir, vers la fin de février, des voitures, lancées au
galop, enlèvent ces proscrits de la prison et les déposent au

chemin de fer, qui devait les transporter à Paris. Aucun des détenus n'avait été averti de ce brusque départ. Leurs familles étaient dans la même ignorance. Le bruit de cet enlèvement se répand dans Dijon. Des groupes de population accourent. On se presse; on se précipite vers les prisonniers. C'était une explosion générale de douleurs et de cris. On songe à une collecte : toutes les mains s'ouvrent à la fois. Quelques femmes, à défaut d'argent, donnent leurs montres et leurs bijoux. Mais déjà le fatal convoi emportait les victimes, qu'enveloppait de tous côtés une haie profonde et impénétrable de bayonnettes. Ces adieux devenaient une sédition pour un gouvernement né d'un crime. Il fallait bien les supprimer.

CONDAMNÉS

Au bannissement à temps ou à vie

BERRYER, LÉON, marchand de laines.

BÉAUT, ouvrier mineur.

BODIN, BERNARD, cordonnier.

BOLLOTTE, FILS, marchand de grains.

COLLOT, baigneur.

CHIQUELIN, ancien juge-de-paix.

COQUEGNIOT, tanneur.

CHEVANNES, JOSEPH, négociant.

CARRIOT, aubergiste.

CHEVALIER, publiciste.

DALLÉE, défenseur au tribunal de commerce.

DUFOULON, mécanicien.

DUMEZ, rédacteur du *Courrier républicain*.

DUPLEIX, typographe.

DORLIN, boulanger.

DAMAS-BADIN, serrurier.

FERRAIN, agent d'assurances.

GUIGON, négociant.

GAINET, avocat.

GELLIOT, plâtrier.

GAVOT, aubergiste.

GARREAU, couvreur.

GIRARDOT, ancien instituteur.

GOUJON, cordonnier.

L'exil l'a tué. Il est mort à Londres, laissant dans la misère une femme et cinq enfants dont le dernier n'est âgé que de quelques mois. Autant de victimes de la terreur bonapartiste.

GUILLIER, marchand de grains.

GUEISWELER, propriétaire, ancien maire.

JAPIOT, docteur en médecine.

KRIK, pharmacien.

LIMAUX, avoué près la cour d'appel de Dijon.

L'avoué Limaux venait d'échapper à une attaque de paralysie, quand il a été jeté en prison. Traduit devant la cour, à cause de ses opinions politiques, il est suspendu pour six mois. Cette rigueur paraît trop douce au procureur-général. Il en appelle au ministre et Limaux est révoqué de sa charge. La proscription, qui le guettait pour l'envoyer en exil, attend, pour le prendre, qu'il ait été ruiné.

MAIRE, négociant, ancien Représentant du Peuple.

MICHOT, propriétaire.

MITTAUT, corroyeur.

MORMIOT, mécanicien.

MORIZOT, ancien garde-général.

MOREAU, HENRI, notaire, membre du conseil général.

Le frère de ce proscrit, conseiller général comme lui, Charles Moreau, a été expulsé, à son tour, du territoire de la République.

MOROT, menuisier.

MONNOT, graveur.

MONGIN, ancien agent-voyer.

MULOT-CARION, propriétaire.

NAIGEON, tailleur.

PORCHERET, taillandier.

PRUDHON, boulanger.

QUINET, fabricant de potasse.

RENARDET, notaire.

Le procureur-général lui a signifié de vendre son étude dans la huitaine et de quitter aussitôt le département, sous peine d'être envoyé à Cayenne ou à Lambessa.

RÉMOND, notaire.

Juré à Dijon au moment du coup d'État, Rémond s'est vu arrêter dans la journée du 4, pendant qu'il criait : *Vive la République ! A bas l'usurpateur !*

RICHARD, meunier.

TREVET, clerc d'avoué.

TISSERANDOT, directeur de messageries, ancien commissaire de la République.

VIARD, ex-rédacteur du *Peuple* et du *Travail*.

Jules Viard avait quitté Dijon depuis deux ans quand la commission de la Côte-d'Or l'a frappé. Les factions monarchiques n'ont pu pardonner à l'écrivain démocrate le dévouement et le zèle, qu'il avait déployés pour le triomphe des doctrines républicaines.

VACHET, ancien huissier.

WELTEN, propriétaire, ancien maire.

CONDAMNÉS

A l'internement.

BOISSENIN, cloutier.

CAUMONT, plâtrier.

CHEVRIOT, garçon de ferme.

COLLARDOT, propriétaire.

DEFAUX, entrepreneur.

GRISOT, cabaretier.

GUYOT, gérant de l'association des tonneliers de Beaune.

LAMBERT, tailleur de pierres.

MAIRE, terrassier.

MASSON, ancien instituteur.

MENGINOT, vétérinaire.

MONGIN, boulanger.

MONTARSOLES, artiste.

PATAILLE, coiffeur.

PELTRET, tôlier.

RASSE, docteur en médecine.

RODIN, menuisier.

VIOCHOT, ancien professeur.

VITRÉ, fabricant de chaussures.

Le département de la Côte-d'Or compte un autre proscrit : c'est l'abbé Louvot. Il était attaché, comme vicaire, à l'une des églises de Dijon. On le vit, dans la journée du 3 Décembre, parcourir les rues de la ville, sillonnées par des agents de police et crier généreusement : Vive la République ! A bas l'usurpateur ! Le préfet avait donné l'ordre de le saisir ; mais cet ordre ne fut point exécuté. Le coura-

geux abbé a pu échapper ainsi à l'emprisonnement et à l'exil.
Cet amour de la liberté, ce culte du droit, ces sentiments
républicains, hautement proclamés en face de la tyrannie,
méritaient un châtiment public. L'évêque de Dijon, cet
abbé Rivet, qui courtisait naguère la famille d'Orléans, s'est
chargé de frapper le coup. Il a exilé au fond d'une paroisse
rurale le vicaire Louvot. L'Église n'a pas dégénéré : elle a
toujours en horreur ces Savonaroles, qui croient et travaillent
à la rédemption des peuples.

IV.

JURA.

Membres de la Commission.

DE CHAMBRUN, préfet.
CHARLIER, lieutenant-colonel.
JEANNEZ, procureur de la République.

Il y a une méchanceté calme et froide, qui est moins
de l'homme que de la bête fauve. On en trouve des
types à toutes les époques de crise, où l'âme humaine,
fortement remuée, ouvre passage à tous les mauvais
instincts. Le préfet du Jura est un de ces types.

Chambrun marche froidement dans la violence, comme
ces animaux, qui s'avancent sans bruit sur leur proie. Il

ne connaît ni les emportements ni les éclats de la colère. Sa fureur est contenue. Il frappe sans bruit ;
mais ses coups n'en sont que plus sûrs. C'est ainsi
qu'il s'est associé au coup d'Etat et à tous les excès
qui l'ont suivi.

Le colonel Charlier, qui ne s'est guère montré que
pour signer d'iniques arrêts, a été complètement effacé
par Alix, commandant de la gendarmerie.

On ne trouverait pas facilement un instrument plus
souple que le capitaine Alix. Il fut mêlé, dans sa
jeunesse, au complot de l'infortuné Berton ; mais il y
laissa son honneur. C'était déjà un espion au service
de la royauté. Il préludait ainsi dignement aux tristes
exploits, qui devaient marquer sa carrière. Ce n'est que
dans ces derniers temps qu'il a pu se révéler tout entier. Les instructions du ministre d'Hautpoul, qui cherchait à étendre la main de la police sur toute la France,
lui en fournissaient l'occasion. On l'a vu créer autour de
lui un vaste espionnage, qui enveloppait les citoyens et
surtout les fonctionnaires jusque dans l'intimité du foyer
domestique. Rien n'échappait à sa surveillance inquiète
et passionnée. Les rapports et les notes, qu'il ramassait
dans les ténèbres de cette inquisition clandestine, ont
servi à diriger la commission du Jura. Louis Bonaparte
a fait un chef d'escadron de ce capitaine zélé.

Un magistrat était presque inutile avec de pareils
agents. Le grimoire de l'odieux tribunal était complet.
Jeannez, procureur de la République, a su néanmoins se
faire une place dans ces odieuses persécutions. Il se sen-

tait condamné , comme tant d'autres , à expier l'enthou-
siasme, qu'il avait montré pour la démocratie, après les journées de Février.

Un juge de Dole , Roger , semblait vouloir rivaliser
avec lui par ses fureurs Bonapartites. « Les amis de l'ordre
sont des lâches, disait-il, s'ils ne fusillent pas tous ces
brigands de républicains. Que ne suis-je le maître ? J'en
aurais bientôt fini avec eux. »

Piou, qui siégeait comme procureur dans le même tribunal que Roger, partageait au fond ses sentiments ; mais
il se couvrait avec une certaine ostentation du masque de
la générosité. « J'ai encore une liste de cent dix personnes
à faire arrêter , disait-il , et je les laisse libres. »

Ces violences d'un pouvoir sans règle et sans frein devaient
susciter partout des complices. Deux maires, celui de Lons-
le-Saulnier et celui d'Arbois , Lorin et Marchand , ont
figuré au premier rang.

L'un a mis complaisamment toutes les forces de la
municipalité au service du dictateur et de ses séides.

On a vu l'autre se transformer en geôlier au profit du
bonapartisme. La prison d'Arbois, qu'il avait contribué à
remplir de victimes , lui semblait mal fermée. Il s'y présente un jour avec du fil de fer et des tenailles, pour attacher les fenêtres et rendre toute évasion impossible. Quel
rôle pour un ancien clubiste, qui n'avait pas craint, quatre
années auparavant, de se faire une tribune ou un tréteau
dans l'une des églises d'Arbois !

La commune , chez nos pères, aidait à fonder la liberté
politique. Des chefs sans cœur et sans âme la rivent main-

tenant au despotisme du premier aventurier, qui met la main sur l'État.

CONDAMNÉS

A la déportation en Algérie.

BARBIER, henri, rédacteur de la *Tribune du Jura*.

BONNOT , tuilier.

BERGÉRE , pharmacien , ancien commissaire de la République.

BILLECART , bijoutier.

BROZIN , propriétaire.

BELLAIGNE , menuisier.

BONNIN , propriétaire.

CARREY , cultivateur.

COLLIN , bottier.

CONSTANTIN , ancien agent-voyer.

Un parent de Constantin a été déporté aussi en Afrique.

DAUVERGNE, cultivateur.

DORRIVAL , armurier.

Il est mort au Lazaret de Marseille.

DIJOUX , propriétaire.

DUMONT , cultivateur.

ERB , brasseur.

FAULQUE , propriétaire.

GAUDOT , vigneron.

GOUILLAUD , propriétaire.

GUY , clerc de notaire.

GALLOIS , propriétaire , maire,

GUIGNARD , cultivateur.

GUINCHARD, aubergis'e.

GEORGEOT , CAMILLE , propriétaire.

Le frère de ce proscrit , Paul Georgeot , a subi le même sort.

JANDOT , géomètre.

JACQUEMART, cultivateur.

LARFEUILLET , propriétaire.

LEBRETON , propriétaire.

LACOMBE , serrurier.

LUCOT , cloutier.

MONIÉ , cultivateur.

MONNERET , cultivateur.

PIARD , pharmacien.

POISSON , limonadier.

PETETIN , plâtrier.

PAILLON , cultivateur.

PELET , vigneron.

PAILLARD , propriétaire.

PERRIN-MÉDARD , propriétaire.

RENU , propriétaire.

ROMAND , cultivateur.

ROURE , cultivateur.

RAGAIN , cultivateur,

RATELET , propriétaire.

RICHARD , ancien sous-officier.

Agé de soixante-dix ans au moins, Richard semblait devoir échapper à la proscription. Mais le bonapartisme avait déjà déporté des enfants et des femmes ; comment aurait-il respecté les vieillards ?

THOULET, propriétaire.

VANNET, jardinier.

VUILLERMOZ, avocat.

Quand ces proscrits ont été enlevés à leurs foyers pour être dirigés sur Lambessa, une escorte nombreuse les accompagnait, et, pour mieux caractériser cet empire sauvage de la force, ils étaient suivis de deux canons, à la mèche allumée. Derrière ce convoi, qui semblait harcelé par la mort, marchaient plusieurs voitures avec les familles des victimes. C'étaient de tristes adieux, qui cherchaient à se prolonger sur la route même de l'exil et qu'interrompaient plus d'une fois les injures de la soldatesque aux gages de Louis Bonaparte. Après un trajet assez court, le convoi s'arrête, comme pour favoriser ces tendres communications. La proscription avait simplement besoin de faire une recrue. Un villageois était enlevé tout-à-coup au milieu même de son champ et jeté dans le convoi qui l'emportait au galop, comme un voleur de grand chemin.

CONDAMNÉS

au bannissement à temps ou à vie.

BADOIS , marchand de vins.

BERTE , ancien instituteur.

BAVILLEY , propriétaire.

BOLL , banquier.

BOUSSOIS , médecin.

BELZEVRIN , notaire.

BROYE , docteur en médecine.

BERNARD , FRANCISQUE, géomètre.

COMMIAUX , ancien greffier.

CONTESSOUSSE , ancien juge-de-paix.

COURLET , pharmacien.

DALLOZ , marchand de bois.

Il y deux autres proscrits de ce nom appartenant à la même famille.

DEBRAND, pharmacien.

DEGUELLE, propriétaire, conseiller-général.

FARAGAY, ex-officier de navire.

GANNEVAL, CHARLES, ex-officier de douane.

Une destitution inique avait déjà puni Ganneval de son dévouement aux idées républicaines. L'exil a été pour lui un second châtiment. Son frère, Éléonore Ganneval, a été éloigné aussi du territoire de la République.

GAGNEUR, avocat.

GALOIS, ancien maire.

GAUDOT, aubergiste.

GENOT, avocat.

GINDRE, médecin.

GIBEY, propriétaire.

GORIN, VICTOR, avocat.

GUIGNET, négociant.

JAVEL, imprimeur.

JACQUINOT, homme de lettres.

JOUSSERANDOT, rédacteur de la *Tribune de Jura*.

KINGLER, négociant.

LOTH, VICTOR, cultivateur.

Le frère de Loth a dû le suivre en exil.

MIQUE, propriétaire.

MEUNIER, homme d'affaires.

MICHAUD, propriétaire.

MEYER, brasseur.

MAUBERT, marchand de vins.

POILEVEY, instituteur.

Le fils de Poilevey a été, comme lui, banni de France.

PILLOT, négociant.

PERRET, homme de lettres.

RUY, tanneur.

Il était à la tête d'un établissement considérable et il occupait un grand nombre d'ouvriers.

ROBERT, ancien avoué.

REGAY, médecin, maire.

SIMON, agent-voyer.

TOUBIN, chapelier.

TRAMUS, propriétaire.

CONDAMNÉS

A l'internement.

AMOUDRU, négociant.

BABEY, pharmacien, maire.

BAVOUX, médecin.

BILLOT, liquoriste.

BASSET, ancien instituteur.

CHARLOT, propriétaire.

CLAUDET, médecin.

CUÉNIN, papetier.

La politique n'a joué qu'un rôle secondaire dans les poursuites dirigées contre Cuénin. Il a été sacrifié, comme tant
d'autres victimes, à des haines personnelles, qui ont su
prendre le masque des passions du moment. On lui reproche
d'abord d'avoir tenu des discours séditieux. Ce n'était qu'un
prétexte. Bientôt, on l'accuse d'avoir séduit, quelques années
auparavant, une de ses ouvrières mineures. Le jury
l'acquitte; mais le procureur Jeannez se garde bien de le
lâcher. Il est retenu sous les verroux jusqu'à ce que la
commission le relègue à Lille, par mesure de sûreté
publique. Cuénin est l'un des principaux manufacturiers
du Jura. Sa papeterie donnait du travail à plus de deux
cents ouvriers. Il n'en restera bientôt qu'une ruine. C'est
ainsi que l'auteur hypocrite de *l'Extinction du Paupérisme*
seconde le développement de la richesse nationale.

DEMESMAY, rentier.

C'est le cousin du Représentant du Peuple qui a poursuivi avec tant de zèle sous la monarchie la *réforme* de
l'impôt du sel, modifié enfin par l'Assemblée Constituante.

DULMAN, PAUL, propriétaire.

DREVET, propriétaire.

GUYENERET, négociant.

Le frère de Guyeneret a été soumis aussi à l'internement.

GUY, rentier.

JOURDY, fabricant de bougies, membre du tribunal de commerce.

MICHAUD, propriétaire.

POUX, médecin.

PETIT, cloutier.

PAGNOZ, aubergiste,

RATTER, ancien professeur.

RONGIN, limonadier.

SIMON, cultivateur.

V.

HAUTE-MARNE.

Membres de la Commission.

DE FROIDEFOND, préfet.

GAVAUDAN, capitaine.

LORENCHEZ, procureur de la République.

«Ah! si j'avais su», disait le préfet Froidefond après avoir servi d'instrument aux haines, qui l'environnaient, et frappé un grand nombre de républicains. Le poids de ces violences lui semblait trop lourd et il cherchait à le rejeter par tous les moyens. Il déclarait à des proscrits, qui étaient allés prendre leurs passeports, qu'il avait bien pu se tromper sur leur compte, mais qu'il était étranger au département et qu'il ne pouvait être responsable des erreurs de la commission.

« On veut salir mes épaulettes » avait dit avant lui le capitaine Gavaudan, en se plaignant du rôle, qui lui était imposé, mais qu'il n'a pas eu le courage de repousser au nom de l'honneur. Même complicité et même pudeur dans le crime. Mais qu'importe aux victimes de ces fureurs ? C'est évidemment pour leur plaisir que les bourreaux font des élégies.

Le procureur de la République, Lorenchez, ne paraît pas avoir éprouvé le même scrupule. Il peut se vanter, il l'aura fait sans doute, d'avoir entraîné ses deux collègues. Son bonapartisme, cependant, n'avait pas éclaté avant l'heure. Il avait même plus d'une fois, avant les événements de Décembre, exprimé de vives sympathies pour l'ancienne royauté. A-t-il voulu effacer cette impression par un redoublement de zèle ? On pourrait le croire.

Du reste, c'est un de ces magistrats, qui exercent avec bonheur ce qu'on appelle, dans le patois judiciaire, la vindicte publique.

On ne doit pas lui attribuer néanmoins toutes les rigueurs, qui ont frappé les démocrates de la Haute-Marne.

Le conseiller de préfecture, Froussard, et le président du tribunal, Simonnet, ont secondé et même excité son ardeur.

Mais c'est surtout le commissaire de police, Paulus, qui s'est associé à ses exploits. Dès le lendemain du coup d'État, ce fougueux agent du bonapartisme donnait hautement le signal des violences. Il ne répondait pas, disait-il, de la tranquilité de Chaumont, si l'on ne mettait pas immédiate_ ment sous les verroux une trentaine de républicains.

CONDAMNÉS

A la déportation en Algérie.

CRÉPIN, BRETON, propriétaire.

NÉEF, berger.

Perdu en quelque sorte au fond de la campagne, que pouvait craindre Néef ? Il avait reçu le *Vote universel* et c'est là le crime qu'il a dû expier. On l'enlève brusquement dans les premiers jours de décembre. Il est placé sur une charrette, les mains enchaînées, et dirigé vers le Rhin. Après quinze jours d'un voyage pénible, il arrive à Strasbourg. Un agent de police le conduit au pont de Kehl, lui signifie qu'il est expulsé de France et le menace des rigueurs de Cayenne, s'il ose jamais repasser la frontière. Le proscrit s'avance vers l'extrêmité du pont ; mais il rencontre le poste Badois, qui lui demande son passeport. Il n'avait point de papiers ; on veut le repousser vers la France ; il résiste et il obtient qu'on le conduise auprès du commandant de la place. L'officier allemand, après quelques explications, refuse de le recevoir sur la rive droite du

Rhin : le voilà de nouveau sur le pont, flottant et suspendu, pour ainsi dire, entre deux proscriptions également impitoyables, qui le chassent tour à tour de l'un à l'autre bord. Il parvient cependant à rentrer dans Strasbourg. Il est ballotté, pendant vingt-quatre heures, entre le préfet, le général et le commissaire central de la police et finit par arriver entre les mains d'un geôlier, qui le renferme avec des voleurs. Il n'a quitté la prison, au bout de trois semaines, que pour être envoyé en Algérie.

OUDET , ouvrier.

ROLLET , coutelier.

SAUPIC , avocat.

L'avocat Saupic rédigeait un journal, exclusivement industriel connu sous le nom de l'*Ancre*. Il faisait, dans cette feuille, une guerre acharnée aux notaires de son canton, qu'il ne cessait de rappeler au tarif. Il empiétait en même temps sur leur domaine et mettait les actes au rabais. On prétend que c'est une colère de tabellions qui l'a conduit à Lambessa. Les notaires de St.-Diziers et des environs pouvaient tolérer l'usurpation de Louis Bonaparte, mais celle de Saupic !!

CONDAMNÉS

Au bannissement à temps ou à vie.

BENOIT , professeur , rédacteur du *Républicain*.

GILLOT, médecin, ex-maire.

JOLLY-DURAND, négociant.

LACOUR, VICTOR, médecin.

MAITRET, avoué, conseiller général.

MAX-DEVARENNE, peintre.

MOLLOT, SYLVAIN, avocat.

RIVOT DE BAZEUIL, fabricant de toiles peintes.

L'arrestation de Rivot d'abord, son éloignement ensuite, ont porté un coup mortel à sa fabrique. C'est un atelier de moins pour l'industrie nationale. Pour mieux montrer sans doute comment le dictateur entend protéger le travail, la police avait incarcéré, en même temps que Rivot, le contre-maître de sa fabrique, François Maury, qui pouvait sauver l'établissement.

SÉJOURNANT, AMBROISE, pharmacien.

VOIRIN, PAUL, propriétaire.

La Haute-Marne n'a pas eu, comme la plupart des départements, sa catégorie d'internés. Mais plus de quatre-vingts citoyens ont été soumis à la surveillance de la haute police, avec des conditions si sévères, que cette surveillance équivaut à l'internement. C'était, comme sur beaucoup d'autres points, une sorte d'emprisonnement à domicile.

VI.

MEURTHE.

Membres de la Commission:

DE SIVRY, préfet.
POUILLOUE DE ST-MARC, général de brigade.
GARNIER, avocat-général.

De bruyants démêlés avec le premier magistrat du Morbihan avaient fait connaître sous Louis-Philippe le nom de Sivry, qui avait remplacé, on ne sait comment, le nom moins harmonieux de Bourel. Le futur préfet de Louis Bonaparte siégeait alors à la chambre des députés. La politique n'a rien perdu, en le cédant à l'administration. Son caractère aventureux devait le faire incliner vers le héros de Boulogne. Un autre lien, aperçu depuis quelque temps, l'en a également rapproché. Il tient, dit-on, aux Bonapartes par les Beauharnais.

Cette parenté assez équivoque avec le dictateur n'est pas, comme on pourrait le croire, la source véritable du crédit dont il jouit à l'Élysée. Il a su conquérir la faveur du maître par un de ces services qui ne s'oublient pas facilement.

On se souvient de l'excursion que fit, il y a deux ans, le président de la république dans quelques départements du Centre et de l'Ouest. Le préfet de Sivry administrait à cette époque le département d'Indre-et-Loire. Il fut prévenu que Louis Bonaparte, qui voyage rarement en garçon, arriverait à Tours avec *une princesse de sa famille*, qui voulait se dérober aux honneurs, et qu'il fallait loger sans bruit et sans éclat dans quelque maison retirée. Il comprit le rôle, qui lui était assigné, et s'en montra digne. La mystérieuse princesse, en arrivant à Tours, passa dans les mains d'un guide complaisant, le conseiller de préfecture, Fleury, qui la conduisit discrètement chez l'un des principaux fonctionnaires de la ville. Elle se trouvait là à l'abri des regards, enveloppée, s'il est permis de le dire, des soins respectueux d'une honnête famille, qui se sentait heureuse de recevoir une parente de Louis Bonaparte. Mais cette retraite ne lui plut pas longtemps ; elle voulut paraître en public. Adieu le mystère ! Des yeux clairvoyants eurent bientôt reconnu cette courtisane Anglaise, que le président de la république éloignait, il y a quelques mois, pour quêter dans les cours de l'Europe une alliance insaisissable et qu'il vient de rappeler, après ses échecs, en lui offrant à St.-Cloud une magnifique résidence. L'aventure fit du scandale. Chacun sut bientôt que la maison où la prétendue princesse avait logé était située dans une rue, qui portait le nom de Rabelais et l'on trouva que l'auteur de Pantagruel était bien digne d'être le patron de cette gaillarde équipée. Les habitants de Tours, qui ont lu Voltaire et s'en souviennent en temps utile, donnèrent à leur joyeux préfet le surnom de Bonneau (1). Le galant administrateur ne tarda pas à quitter le département d'Indre-et-Loire, pour passer dans la Meurthe. C'était un complice promis au coup d'État et à toutes ses fureurs.

La nouvelle des évènements de Paris n'est pas plus tôt arrivée, qu'elle devient pour lui le signal de mille persécutions contre les républicains. Il se hâte de prodiguer les arrestations, en attendant de pouvoir frapper d'autres coups. Et avec quel superbe mépris il traite ses victimes ! C'est la proscription se parant avec complaisance des grands airs de l'aristocratie.

Un ouvrier condamné à l'internement se plaignait qu'il n'y eut point de métier pareil au sien dans la petite ville, qui

---

(1) On parla beaucoup dans les couloirs de l'Assemblée nationale de ce voyage du président et de l'accident, qui en avait gâté le succès. Les amis de l'Elysée en paraissaient assez tristes. L'ex-précepteur du héros, Vieillard, en était plus affligé que les autres. « C'est déplorable, disait-il avec douleur, mais le président m'a promis qu'il n'y reviendrait plus. Dès que j'ai appris cette nouvelle, je suis allé le trouver. Il était deux heures du matin ; j'ai pénétré jusqu'à lui et je lui ai fait voir les conséquences fâcheuses d'une pareille aventure. Il m'a juré qu'elle ne se renouvellerait pas. » C'était la scène de Mentor et de Télémaque au sujet d'Eucharis. Il n'y manquait que le ton de l'épopée et le style harmonieux de Fénélon. Vieillard improvisait sans le savoir un petit vaudeville. Quel étrange personnage que ce précepteur émérite ! Il croit avoir deux amours et deux haines ; il croit haïr le royalisme et le clergé ; il croit aimer la philosophie et le XVIIIme siècle. Il dirait même volontiers qu'il est l'héritier de ces penseurs hardis, qui ont préparé, par leurs travaux, la chûte de la vieille société. O Diderot ! O Voltaire !

lui était assignée comme prison. « Il y a des pierres à casser sur les routes », lui répond sèchement le préfet.

Il disait un autre jour : «Tous les détenus sont également coupables. Si quelques-uns ont été envoyés à Cayenne ou à Lambessa, au lieu d'être bannis simplement du terri- toire, c'est qu'ils sont dénués de toutes ressources et que le gouvernement est obligé de pourvoir à leurs besoins.» Étrange sensibilité, digne des plus beaux temps de la tyrannie !

On l'a vu déployer, dans une autre circonstance, le même amour de l'humanité. Une collecte avait été faite à Nancy, dans l'intérêt des transportés et de leurs familles. Cet acte devient pour le préfet une sorte de blâme public. Il s'ir- rite, il s'emporte en menaces contre les citoyens, qui n'ont pas craint de se montrer généreux et quelques-uns d'en- tr'eux se voient exposés aux poursuites de la police.

Un dernier trait vient compléter ce hideux tableau. Quand tout a été comprimé et que le droit a dû céder à la force, le préfet quête partout des adresses dans lesquelles des voix hypocrites le félicitent d'avoir sauvé le dépar- tement du meurtre et du pillage. Il se place fièrement à côté de Louis Bonaparte, ce sauveur universel.

Il a manqué au proconsul de la Meurthe des collègues de sa trempe.

Le général Pouillouc n'est arrivé à Nancy que pour signer les condamnations, comme un soldat qui exécute sa consigne.

Quant à l'avocat-général Garnier, il avait eu à se pro- noncer, comme magistrat, sur le sort des détenus et dans un rapport adressé à chambre des mises en accusation, il avait

conclu à l'élargissement. Ce souvenir l'aurait écarté de la
commission à une époque où la magistrature croyait encore
à la religion du droit. Il n'a pas craint d'y prendre place
pour condamner ceux qu'il avait absous ; mais il s'était enchaîné lui-même et il n'a été libre qu'à demi dans ses injus-
tices.

Ce rôle aurait mieux convenu au procureur-général
Sénéca, qui se trouvait à Nancy pendant les événements,
mais qui, quelques semaines après, était appelé au ministère
de la justice, comme directeur des affaires criminelles. Il
n'avait rien refusé avant son départ au fougueux préfet de la
Meurthe. Ce n'était pas de lui-même cependant qu'il s'était
jeté dans la violence. Il y avait été entraîné par une main
énergique. On prétend que le préfet l'avait fait enlever dans
la nuit du 2 ou du 3 décembre et s'était assuré son concours
en le prenant, pour ainsi dire, d'assaut. Jeté dans les mesures
extrêmes, il en avait pris le goût comme ces soldats, qui se
plaisent au feu après avoir été poussés brusquement sur le
champ de bataille. Il promettait à la commission un juge
impitoyable. Les fonctions dont il a été investi au ministère
de la justice ne lui ont pas laissé le temps de figurer parmi
les proscripteurs de la Meurthe ; mais elles lui ont fourni
l'occasion de montrer tout son mépris pour le droit. Un
magistrat de l'Aveyron, que la proscription était allée prendre sur son siége, se plaignait devant lui de ce renverse-
ment inouï de toutes les lois. « Nous ne prétendons pas
établir la justice des mesures que nous adoptons, dit le
digne confident d'Abattucci, il nous suffit d'en sentir la
nécessité. »

Le bonapartisme a trouvé d'autres complices dans la Meurthe. On a remarqué parmi eux, le procureur de la République, Leclerc, qui dans un procès politique avait célébré solennellement les lois de Septembre et deux membres de la cour, le conseiller Pierot et le président de chambre Priston. Le fils d'un notaire, un jeune avocat nommé Thiriot, n'a pas rougi de se faire une place dans les rangs déshonorés de ces magistrats rebelles à la justice. Pendant que le procureur général Sénéca poursuivait les défenseurs de la loi, il l'aidait à établir ses dossiers, c'est-à-dire à dresser dans l'ombre de honteuses batteries contre les républicains. La proscription avait trouvé là une sorte de volontaire, qui se donnait à elle avec toute l'ardeur de la jeunesse. Il faut que la violence ait ses amants.

CONDAMNÉS

A la déportation à Cayenne.

GOURIEUX, entrepreneur de charpente.

La nouvelle de sa mort arrivait, il y a quelques jours, à Nancy. Que Louis Bonaparte se réjouisse ! Ce sol de la Guyane, qui tuait nos pères, n'a rien perdu de ses fatales énergies. On y meurt encore vite, comme à l'époque du Directoire et du Consulat.

QUESNE, rédacteur du *Républicain de la Moselle*.

Madame Quesne qui, dans sa douleur de femme et de mère, avait laissé échapper quelques paroles contre le préfet, a été expulsée de Nancy, dans les vingt-quatre heures. C'est le procureur de la république, Leclerc, qui a eu le triste courage de faire exécuter cette mesure.

CONDAMNÉS

A la déporattion en Algérie.

BRESCHE, commis négociant.

CHAUDRON, cordonnier.

FRAINE, marchand de broderie.

GILBERT, chaudronnier.

MICHEL, charron.

PAILLER, bottier.

POIRSON-CAYON, blanchisseur de broderie.

RAVALT, professeur.

RAYER, fabricant de casquettes.

SANDMAYER, colporteur du journal le *Travail*.

CONDAMNÉS

Au bannissement à temps ou à vie.

ANCELON, médecin.

ANTOINE, avoué à la Cour d'appel.

BOURIEFF, entrepreneur de pompes funèbres.

BRIQUELOT, médecin, rédacteur du *Travail*.

COQUIGNOT, maître d'hôtel.

COSSON , notaire.

LELIÈVRE , ancien greffier, ancien colonel de la garde nationale , rédacteur du *Travail*.

LÉMAN , docteur en médecine.

LAFLIZE, avocat, ancien Représentant du Peuple.

LOUIS , avocat , ancien conseiller général.

QUANARD , docteur en médecine.

VALLEROT, ancien officier, ancien sous-préfet.

WEHERLIN , jeune , fabricant.

VIOX , avocat , ancien Représentant du Peuple.

CONDAMNÉS

A l'internement.

BEAUGÉ , cultivateur.

BLANC , prêtre , vicaire.

CUNY , limonadier.

DUPONT , commis-négociant.

FLEUR , employé à la sous-préfecture.

HANZA, teinturier.

HERGNÉ . cultivateur.

KESSLER , négociant.

LAHIRE , rédacteur du *Patriote de la Meurthe*.

Deux coups également pénibles ont frappé successivement le rédacteur du *Patriote de la Meurthe*, pendant qu'il expiait en prison son respect pour la loi. Il a eu le malheur de perdre, à quelques jours d'intervalle, sa fille et sa femme. Madame Lahire, que la douleur a tuée, avait su prendre une place parmi les écrivains de la démocratie.

MANSUY, menuisier.

NOIREL, cordonnier.

RACINE, ancien notaire.

RAMAT, propriétaire.

RUOTTE, voyageur de commerce.

SERRIÈRE, teinturier.

SCHELLMANN, marchand de meubles.

TOUSSAINT, docteur en médecine.

VIALARET, ponceur en broderie.

VII.

MEUSE.

Membres de la Commission.

LANGLÉ, préfet.

BERTIN, colonel.

HUSSONNET, procureur de la République.

Une des premières places appartient au préfet Langlé

parmi ces honteux transfuges, que le bonapartisme a recrutés sous le drapeau de la République.

Bertin est l'ancien officier d'ordonnance de Louis-Philippe et le frère du rédacteur en chef de ce grand journal, qui s'appelait autrefois le *Journal de l'Empire* et qui reprendrait volontiers ce titre, dont il se rend digne chaque jour, en insultant les idées et les institutions républicaines. Il n'a pas représenté seul la force militaire au sein de la commission. Il partageait ce rôle avec le colonel Bisson du 29ᵉ de ligne.

Les deux commandants siégeaient tour à tour. On ne dit pas qu'ils aient été d'un avis contraire. C'étaient deux sabres, qui se succédaient avec régularité pour tomber l'un après l'autre du même poids sur les défenseurs de la Constitution.

Hussonnet, procureur à Bar, avait fait sous la monarchie de violents réquisitoires contre les républicains. Il a frappé ceux qu'il avait accusés à une autre époque. Comment aurait-il reculé ? Il avait une si belle occasion de couronner son éloquence de ses propres mains !

CONDAMNÉS

A la déportation à Cayenne.

BUVIGNIER, ISIDORE, ancien Représentant du Peuple.

Il y avait près de quatre ans que Buvignier avait quitté le département de la Meuse. La proscription est allée le prendre lâchement à Paris ; où il s'était fixé après la Constituante.

Une grande iniquité judiciaire l'avait préparé à toutes les fureurs des tribunaux bonapartistes. Il avait dû subir une année d'emprisonnement, comme l'un des fondateurs de la *Solidarité républicaine*, qui s'était établie conformément à la loi et qui avait en outre le mérite de prêter un appui aux institutions nationales. Cette condamnation étrange, qui aurait suffi pour déshonorer la magistrature à une autre époque, l'avait éloigné des bancs de l'Assemblée législative.

CONDAMNÉS

A la déportation en Algérie.

BONNET, ancien percepteur.

BUVIGNIER, CHARLES, avocat, frère de l'ex-constituant.

GRANGER, architecte.

MASSARD, négociant.

MIROY, avocat.

CONDAMNÉS

A l'internement.

ARNOULD-LEVEL, avocat.

GEORGES, négociant.

GÉRAULT, notaire.

MANGIN, notaire.

MAYEUX, avocat, ex-juge-de-paix.

L'avocat Mayeux avait été destitué, avant le 2 Décembre, parce qu'il avait refusé de se faire l'instrument de basses rancunes contre un ancien représentant du peuple. Buvignier, dans une de ses visites, avait été accueilli, par une manifestation populaire, accompagnée d'une sérénade. La police de Louis-Bonaparte en fit une question de tapage nocturne. Le délit fut déféré au juge-de-paix Mayeux, qui refusa de faire mentir la justice et fut trouvé naturellement indigne de siéger parmi les magistrats de Louis Bonaparte.

VIII.

MOSELLE.

Membres de la Commission.

MALHER , préfet.
MAREY-MONGE , général de division.
DE GERANDO, procureur-général.

Tous les préfets de Louis Bonaparte ont proscrit des citoyens et jusqu'à des familles ; il y en a un, qui a proscrit la pitié. C'est celui de la Moselle.

Un journal de Metz avait témoigné quelque sympathie pour les victimes des rigueurs bonapartistes. Il avait publié ces lignes : « La plupart des citoyens frappés par les commissions sont de nos amis. Tandis que tant de peurs se taisent, que tant d'ingratitudes s'éloignent, qu'ils reçoivent du moins publiquement une marque d'estime et de sympathie. » (1) C'était le cri doux et tendre de l'amitié en deuil.

Ce langage a paru séditieux au préfet Malher, qui a décoché au journal un de ces avertissements dont l'insolente menace ne laisse à la presse que l'alternative du silence ou de la mort. La tyrannie est la même dans tous les temps. Elle aspire toujours, dans ses tentatives sacrilèges contre la conscience humaine, à supprimer la compassion pour les victimes.

Le général Marey-Monge, avant de frapper à huis-clos ses concitoyens, semblait s'être préparé à jouer un rôle éclatant dans nos discordes civiles. C'est lui qui avait publié à Clermont-Ferrant cet ordre du jour, dans lequel il était prescrit aux soldats de ne se servir, en cas de besoin, que de la *pointe de leurs armes.*

Un officier de l'empire, le colonel Moncey, disait bien à ses hussards : « Si je vois un mort avec une égratignure, je vous mets tous à la salle de police. » Mais c'était sur le champ de bataille qu'il prononçait ces paroles. Il lançait ses soldats sur les Autrichiens qui, sous la conduite d'un de leurs archiducs, venaient d'envahir notre Alsace. Il ne songeait pas à les pousser contre des Français. Chef héroïque d'une troupe de héros, il leur montrait avec une noble familiarité les coups qui convenaient à leur audace.

_____

(1) *Courrier de la Moselle* du 5 juin, article du rédacteur en chef F. Blanc.

Qu'il y a loin de ce langage à cet ordre du jour, qui s'étalait naguère sur les murailles de Clermont-Ferrand ! Le proscripteur de la Moselle s'annonçait.

On pourrait s'étonner de rencontrer Marey-Monge au milieu de ces agents royalistes, qui sous le masque du bonapartisme, font une guerre implacable aux républicains. C'est le neveu du célèbre auteur de la *Géométrie Descriptive*, dont la vie appartient à notre première République. Que de devoirs lui imposait un pareil souvenir !

Général, cet oncle illustre, dont le nom vous a plus servi qu'une victoire, fut poursuivi, il y aura bientôt quarante ans, par les amis de la royauté. Il se vit réduit à chercher un asile dans les caves de l'Observatoire. L'âge, le travail et le malheur avaient affaibli et troublé sa puissante raison. Vous l'avez oublié, général ; votre oncle était devenu fou par une sorte de bienfait de la nature et ces royalistes, dont vous servez aujourd'hui les passions, réclamaient à grands cris pour l'échafaud sa vénérable tête, blanchie par la science.

Il serait difficile de trouver un tempéramment plus monarchique que celui du procureur Gérando. Le vocabulaire républicain lui fait horreur. Il n'a pas moins d'antipathie pour les institutions républicaines. Ses poursuites contre les démocrates ont été secondées par un autre magistrat, nommé Moisson, qui a prêté, comme lui, à la justice ses colères et ses rancunes.

CONDAMNÉS

Au bannissement à temps ou à vie.

BOUILLÉ , coiffeur,

Le frère de Bouillé , en apprenant son arrestation , a été tellement saisi qu'il en est devenu fou. Quelques jours après , il se précipitait d'une fenêtre dans la rue et la police ne ramassait qu'un cadavre. C'est une victime de plus à enregistrer dans les fastes du bonapartisme.

CLAUDE , ex-directeur du dépôt de mendicité.

DEVIE , courtier de commerce.

PICARD , commis-négociant.

WIBRATTE , limonadier.

CONDAMNÉS

A l'internement.

BILLY , avocat , ancien conseiller de préfecture.

C'est seulement dans les premiers jours de mai que l'avocat Billy a su qu'il était frappé. D'autres citoyens ont appris en même temps qu'ils étaient condamnés à la surveillance de la police générale. Quels suspects ! et comme ils méritaient bien d'avoir une place à côté des forçats libérés !

BILLAUDEL , ex-préfet.

FOURNIER , avoué à la cour d'appel.

GODRON , docteur en médecine.

LEGÉNISSEL , négociant.

MARCHAL , fils , médecin.

RÉMOND , négociant , ancien colonel de la garde
nationale.

La police correctionnelle a été chargée de frapper cinq
autres républicains, qui avaient manqué de respect au coup
d'État.

ALLET , relieur.

ANTOINE, clerc d'avoué.

DOURY , peintre.

GUILLAUME , entrepreneur.

WELFINGER , tisserand.

Ils ont été condamnés à plusieurs mois d'emprisonnement,
comme des voleurs, pour avoir voulu empêcher le sac et le
pillage des libertés publiques.

IX.

BAS-RHIN.

Membres de la Commission.

WEST , préfet.
WALDNER DE FREUNDSTEIN, général de division.
ALEXANDRE , procureur de la République.

Tour à tour fonctionnaire de la royauté et de la République, le préfet du Bas-Rhin s'est jeté comme tant

d'autres, dans le bonapartisme, parce qu'il était poussé aux aventures. La Révolution de Février l'avait trouvé à la préfecture de Colmar, où il occupait la place de conseiller. C'était un orléaniste. Il se transforme aussitôt en républicain. Ses ardeurs démocratiques ne connaissent point de bornes. Il s'introduit dans le *Club des Droits de l'homme,* dont il devient l'un des membres les plus assidus. Il sollicite et obtient en même temps le grade de sergent dans les guides de la garde nationale. Ce n'était plus un magistrat; c'était un soldat de la Révolution. Il ne se montrait au conseil qu'en costume militaire, embarrassé d'un sabre de grosse cavalerie, qu'il avait hérité de son père, ancien fournisseur des armées impériales.

Malgré ce zèle démocratique, le conseiller West courait grand risque d'être disgracié, sans l'avènement de Louis Bonaparte. On avait surpris certains désordres administratifs dans la préfecture du Haut-Rhin. Une enquête était ouverte et la responsabilité de West était sérieusement engagée. Louis Bonaparte est élu. West, qui avait appuyé la candidature du futur dictateur, devient préfet de Colmar et l'enquête, commencée sous son prédécesseur, est aussitôt arrêtée.

Le nouveau préfet cherche à gagner de plus en plus la faveur de l'Elysée, en éloignant de l'administration tous les citoyens dévoués à la République. Il ne rompt pas cependant d'une manière ouverte avec la démocratie. Son passé le retient et il ne veut pas engager irrévocablement l'avenir.

Envoyé à Strasbourg, l'année suivante, il y reste fidèle au même système. Il n'embrasse la cause du coup d'État qu'avec une sorte de circonspection et de réserve. Il publie une proclamation dans laquelle il s'applaudit de voir le suffrage universel rétabli ; mais il ne se prononce pas sur les événements de Paris et il invite les citoyens à attendre avec calme l'issue de la crise. Bientôt le succès de Louis Bonaparte le décide Il sauve l'ordre, comme son maître, en étendant autour de lui une main despotique. Il a montré aussi qu'il savait protéger la morale, comme le héros du 2-Décembre.

Des influences électorales avaient fait, sous la monarchie, un général de Waldner. Il ne s'était guère distingué jusqu'alors que par son incapacité. C'est un homme passif : il va où on le mène. Il a été mené à la proscription et il a proscrit.

Le procureur Alexandre est un magistrat de la Révolution. Il avait devancé, pour la trahir, l'attentat de de Louis Bonaparte. Il n'épargnait aucune avanie, aucune persécution à la presse républicaine. Il persécutait avec acharnement le *Démocrate du Rhin*, qui, rédigé en français et en allemand, exerçait une double influence sur les populations rhénanes et ressemblait à un double écho des deux peuples, rapprochés et confondus dans une même pensée. C'est lui qui s'est montré le plus dur dans le sein de la commission.

On doit, dit-on, attribuer à une influence étrangère la plupart des rigueurs qui ont frappé les démocrates du Bas-Rhin.

Il y avait eu à Strasbourg, avant la Révolution de Février,

un expéditionnaire , nommé Legroaze. Il sortait de la Bretagne. C'était un ancien officier qui avait servi en Afrique et subi deux mois de détention , parce qu'il avait refusé un jour de marcher à l'ennemi. La République n'est pas plus tôt établie qu'il cherche à se produire comme républicain. Le mouvement de Bade éclate : c'était un champ de bataille qui s'offrait à lui. Les démocrates de Strasbourg l'envoient à Carlsruhe, pour concourir à l'organisation des forces insurrectionnelles. Il est invité par les chefs du mouvement à marcher avec eux contre la forteresse de Rastadt, qui ne s'était pas encore prononcée ; mais il s'y refuse. Il veut avant tout qu'on lui donne un brevet d'officier supérieur et qu'on fixe le chiffre de ses appointements. La démocratie badoise lui tourne le dos et il repasse le Rhin. Compromis quelques jours après dans les manifestations de Strasbourg au sujet de l'expédition romaine, il est traduit en cour d'assises. Le rôle de martyr ne lui convenait pas. Il ne rougit pas de menacer plus d'une fois ses co-accusés de quelque révélation dangereuse, s'ils ne pourvoyaient amplement à ses besoins et à ceux de sa famille. Rendu à la liberté, il se glisse dans le journalisme où il fait la guerre, une guerre ardente, à l'autorité et à toutes les formes de gouvernement. Il s'appelait alors de Toulgoët. C'est sous ce nom qu'il est aujourd'hui sous-préfet à Mirande. On l'accuse d'avoir mérité la faveur du bonapartisme , en désignant à ses coups les hommes du Bas-Rhin qu'il devait frapper et en publiant deux libelles, qui avaient pour but de justifier la confiscation des biens de la famille d'Orléans.

CONDAMNÉ

A la déportation en Algérie.

BEYER , avocat.

C'est le frère de l'ancien représentant du peuple, condamné par la Haute-Cour à Versailles.

BOESÉ , rédacteur du *Démocrate du Rhin.*

CROSS , distillateur.

DESRAMEZ , ancien lieutenant.

HARGEL , batelier.

KELLER , droguiste.

WILTY , cultivateur.

ZABERN , fabricant de cire.

ZCHORSCH , ébéniste.

CONDAMNÉS

Au bannissement à temps ou à vie.

CROU , ébéniste.

DUPRÉ , officier de santé.

ECKEL , commis-négociant.

FLOCON, ancien ministre , rédacteur en chef
du *Démocrate.*

KLEIN , tailleur.

LEHZ , gérant du *Démocrate*.

LUGINSLAND , entrepreneur.

MEYER , rédacteur du *Démocrate*.

MUTHS , entrepreneur, architecte.

MEURER , tapissier.

PRUDHOMME , notaire.

SCHWEININGER , lithographe.

SINGUERLET , clerc d'avoué.

ULRICH , commis-voyageur.

WERBER , typographe.

CONDAMNÉS.

A l'internement.

BLONDIN , étudiant.

CATOIRE , avocat.

LEHR , tailleur

X.

SAONE-ET-LOIRE.

Membres de la Commission.

DE ROMAND , préfet.

PORION , chef de bataillon.

NOBLESSE , procureur de la République.

Le coup d'État a trouvé le préfet Romand dans le Var ,

où il a dû lutter contre les défenseurs de la Constitution. Son rôle était plus facile dans Saône-et-Loire, où il n'a paru que pour proscrire.

C'est au procureur de la République, Noblesse, qu'il faut rapporter les rigueurs, qui ont frappé le département.

Dirigé par le procureur-général de Dijon, Raoul-Duval, il a montré, dans ses fonctions, toute l'ardeur d'un sectaire politique. Tous les citoyens, qui exerçaient quelque influence et que des sympathies non équivoques rattachaient à la cause républicaine, ont été l'objet de ses poursuites.

Il s'est acharné surtout contre les officiers ministériels, qui ont trouvé des juges impitoyables dans les membres du tribunal de Mâcon, présidé par Guyot-Guillemet. Laubardemont obscur, il ne lui a manqué, pour devenir célèbre, dans ces emportements de la magistrature, qu'une scène plus éclatante.

On doit citer avec lui le maire de Mâcon, Villard, qui a mis toutes les forces municipales au service des exécuteurs bonapartistes.

CONDAMNÉS

A la déportation à Cayenne.

CAS, ANTOINE, carrier.

COLON, LOUIS, tailleur.

CONSTANT, ADAM, marchand.

DISNIER, STANISLAS, ancien huissier.

GABON, JEAN, maçon.

GONNOT , JEAN , charpentier.

GUÉRIN , LOUIS , serrurier.

PIGUOT , FÉLIX , cultivateur.

RIBOULET , SÉBASTIEN , instituteur.

Une fuite audacieuse a dérobé Riboulet et quelques-uns de ses compagnons à cet exil horrible de la Guyane. Ils étaient relégués sur un rocher , connu sous le nom *d'Ile de la Mère* , qui rappellera désormais deux proscriptions , c'est-à-dire deux attentats contre l'humanité. A peine ont-ils eu le temps de reconnaître la prison , où Louis Bonaparte vient de les ensevelir , qu'ils prennent le parti de s'échapper.

C'était dans la nuit du 8 septembre. Nos prisonniers venaient d'être comptés , comme à l'ordinaire. Ils s'éloignent sans bruit de leurs gardiens et se rendent par divers chemins sur la plage. Ils y trouvent quatre barques. Ils se jettent bravement dans l'une et poussent au large les trois autres , pour assurer leurs derrières. Les fugitifs étaient au nombre de douze , enlevés pour la plupart à nos départements du Centre et du Midi. Ils n'emportaient rien dans ce voyage hardi à travers l'inconnu. « Ils prirent la mer sans boussole et sans carte , dit Riboulet dans une lettre, ayant pour guides la lune et le soleil et pour témoin le Dieu de la liberté. » Deux matelots , familiarisés avec les voyages et les tempêtes , Cadène et Miaille , se trouvaient parmi eux. Ces vieux routiers de l'Océan mènent l'expédition. Ils en sont à la fois les chefs et les soldats.

L'esquif, qui emportait nos républicains, se dirige vers le Sud. Le ciel était brûlant. Le pain et l'eau manquaient au petit équipage, errant sur les flots.

Parvenus à la hauteur des îles du Salut, les prisonniers sont reconnus et une embarcation française leur donne la chasse. Les ténèbres et les brisans, au milieu desquels ils se hasardent, les dérobent à cette poursuite. Le même péril les attend, quand ils arrivent en vue de Sinamary. Ce rivage, qui a déjà dévoré tant de victimes, semble vouloir ressaisir sa proie, à mesure qu'elle s'éloigne.

Après trois jours de fatigues, de souffrances et de périls, les prisonniers apperçoivent un poste hollandais, appelé Brandwacht. Ils y poussent leur barque On les prend, à leur arrivée, pour des forçats L'horrible calomnie de Louis Bonaparte, qui confond avecla lie des bagnes les défenseurs de la démocratie, a déjà eu le temps de parcourir les deux mondes. Elle avait précédé les fugitifs sur cette plage, qui leur offrait un asile Mais il leur suffit de se montrer pour écarter cette dernière injure de la tyrannie.

Le poste était commandé par un officier du Bas-Rhin, nommé Maës, au service de la Hollande. Cet officier a bientôt reconnu dans les fugitifs des victimes ou plutôt des martyrs. Il les accueille avec bonté et leur prodigue les soins les plus généreux. La fortune de la France voulait que ce fut l'un des siens qui eût l'honneur de guérir, au-delà des mers, les blessures faites à des français par une main despotique.

Riboulet et ses compagnons ont été dirigés par le commandant Maës sur la ville de Paramaribo. Un navire de Louis Bonaparte, le *Voyageur*, a eu le courage de les réclamer. Mais le drapeau de la Hollande, qui les abrite, ne les trahira pas. La patrie de Grotius n'a pu les recevoir que pour les sauver. Le grand pontife du droit des gens sortirait au besoin de sa tombe pour les défendre. C'est une proie perdue pour la Guyane et pour ses bourreaux.

CONDAMNÉS

A la déportation en Algérie.

ANDRÉ, FRANÇOIS, boucher.

AULOY, JEAN, maire, cultivateur.

BLANC, PHILIPPE, charron.

BURROT, LOUIS, cafetier.

BAUDOT, NICOLAS, rentier.

BOYEUX, FRANÇOIS, fils, serrurier.

BOISSET, PHILIBERT, ex-maître d'études.

BRUYS, CHARLES, propriétaire.

C'est le frère du Représentant du Peuple, compris lui-même dans le décret du 10 janvier, qui a inauguré la proscription.

BARBEY, JEAN-CLAUDE, propriétaire.

Il y a eu aussi deux victimes de ce nom.

BESSARD, ALEXIS, clerc de notaire.

BAUDIN, NICOLAS, cultivateur.

BAJARD, JEAN-MARIE, tailleur de pierres.

BONNETAIS, PIERRE, manœuvre.

BOULANGER, PHILIBERT, plâtrier.

BERTHAUT, ADOLPHE, menuisier.

BEURY, CHARLES, tonnelier.

BOURGEOIS, ANTOINE, tanneur.

BERNARD, LOUIS, serrurier.

BURTIN, EMERY, propriétaire.

BIDAUT, JEAN-BAPTISTE, pâtissier.

BUISSON, CLAUDE, tailleur d'habits.

Un propriétaire du même nom a été compris parmi les déportés de Saône-et-Loire : il appartient à la même famille.

BOURGEOIS, JACQUES-ANNE, tailleur.

BOIVIN, LOUIS, ex-huissier.

Le frère de Boivin a été aussi condamné à la déportation.

COLAS, FRANÇOIS, sous-maître d'étude.

CHAGNY, ALEXANDRE, tanneur.

CHAMPEAUX, BENOÎT, cultivateur.

CHOMEL, CAMILLE, propriétaire.

CORTET, ANTOINE, vigneron.

Les deux fils de Cortet, vignerons comme lui, ont été condamnés à le suivre en Afrique.

CHAZAND , philibert, fabricant d'huiles.

CHEVIGNY, jean-baptiste, tailleur d'habits.

CHAILLET, françois, père, propriétaire.

COLLONGY, claude, cultivateur.

CHACHUAT, jacques, forgeron.

CLÉMENT, étienne, vannier.

CLOUZOT, antoine, cultivateur.

CHAUMEY, tailleur d'habits.

CHATFIN, pierre, avocat.

CHAMPION, henry, tonnelier.

La famille de ce proscrit compte un autre de ses membres dans les présides algériens.

CHARLEUX, victor, marchand de vins en gros.

CHAUMONT, gabriel, cultivateur.

CHANCHE, jean-baptiste, marchand.

CHAULIAUX , philibert , propriétaire.

CRÉTIN , humbert , teinturier.

CADOUX , léonard , maréchal.

DANJEAN , françois , armurier.

DUFOUR , pierre, tailleur d'habits.

DUBIEF , etienne , propriétaire.

Un jeune avocat , fils de Dubief , a été frappé en même temps que son père et dirigé sur l'Algérie.

DEVANT , JEAN-BAPTISTE, agent d'assurances militaires.

DUVERNE , LAZARE , propriétaire.

DESCHAMPS , JEAN-MARIE, manœuvre.

DESFORGES , PIERRE , propriétaire.

DEVONCOUX , PHILIPPE , avocat.

DESSERTÈNE , SÉBASTIEN , charron.

DESCOULANGES , FRANÇOIS, tonnelier.

DELY , AUGUSTE , cordonnier.

DELORME, JEAN , cordonnier.

DESPRÈS , BENOIT , négociant.

DUVERNE, ANTOINE , marinier.

DUCROT , JEAN , propriétaire.

DAVIOT , COSME , cultivateur.

DURAND , FRANÇOIS, cordonnier.

DUFÈTRE , FRANÇOIS , chaudronnier.

FUMET , CLAUDE , cultivateur.

FAILLANT , CLAUDE , plâtrier.

FORT , NOEL , cordonnier.

FLÉTY , JOSEPH , journalier.

FLURY , FRANÇOIS-JEAN-BAPTISTE.

FOVEL , CHARLES , menuisier.

GAGUIN , PHILIBERT , charpentier.

GARNIER , ÉMILE, cordonnier.

GREUZARD , ABRAHAM , garde-champêtre.

GAVIOLÉ, JEAN-BAPTISTE , médecin.

GARNIER, FRANÇOIS, employé dans les assurances.

GOIS , ÉMILE , agent d'affaires.

GROSBON , FRANÇOIS , cordonnier.

GALLETET-DEVICHY , cabaretier.

GONDARD , JEAN , manœuvre.

GILLIOTTE , JOSEPH, père , cabaretier.

GRESSE , ÉMILAND , commis.

GRIVAUD , LOUIS , plâtrier.

GUICHARD , AUGUSTE , élève.

C'est sur les bancs du collége de Cluny que la proscription a pris le jeune Guichard. Il n'a pas atteint sa dix-huitième année. Un autre enfant, Félix Maupoil , a été frappé aussi par les commissaires de Saône-et-Loire. Du temps de Marius et de Sylla, il fallait porter la robe virile pour figurer parmi les proscrits.

GUY, DANIEL , propriétaire.

GERVAIS , PIERRE , sabotier.

GOUDARD , CLAUDE , ouvrier.

GAUTHERON, JEAN, propriétaire.

GILLERON, plâtrier, peintre.

GUEUGNOT, DÉSIRÉ, teinturier.

GUILLOMET, PHILIPPE, journalier.

GAUTHIER, JEAN-BAPTISTE, carrier.

GIRARD, JEAN, maréchal.

GUILLOND, JEAN, serrurier.

HUSSON, JEAN, tailleur de pierres.

HARBAU, JEAN-BAPTISTE, tourneur.

JAMES, FRANÇOIS, forgeron.

JONDOT, boulanger.

LABILLE, ÉMILAND, rentier.

LARGE, PIERRE, marchand de nouveautés.

LASSALLE, CLAUDE, maréchal.

LAPORTE, JEAN, maire, cultivateur.

LITAUD, JEAN, mécanicien.

LÉCHENAUT, LOUIS, cultivateur.

LEQUIN-DURANTON, tailleur de pierres.

LEBLANC, ANTOINE, cordonnier.

LECLERC, PHILIPPE, fabricant de cannes.

LARDY, ÉTIENNE, opticien.

LEGEAY, FRANÇOIS, tonnelier.

LORGERON, PHILIBERT, propriétaire.

MATHIEU, PIERRE, cafetier.

MARATRAY, PHILIBERT, charcutier.

MARTINET, EUGÈNE, cafetier.

MAINE, CLAUDE, aubergiste..

MÉRANDON, TOUSSAINT, avocat.

MARCONNET, PHILIBERT, charpentier.

MAZILLER, PIERRE, forgeron.

MERCIER, orfèvre.

MIRAILLE, GUILLAUME, manœuvre.

MONDANGE, PHILIBERT, cultivateur.

Ce nom a fourni une autre victime.

MONGET, LOUIS, voiturier.

MARTEZ, GEORGES, ébéniste.

MICHELET, PIERRE, manœuvre.

MOLLET, PHILIBERT, marchand de toile.

OULES, ÉLÉONOR, mégissier.

PERNET, PIERRE, cafetier.

PONCET, ANTOINE, plâtrier.

On retrouve une seconde fois ce nom parmi les déportés.

PELLIAT, ADOLPHE, professeur.

PRENEY, JEAN, fondeur.

PONSOT, LOUIS, vigneron.

Un frère de Ponsot a été aussi relégué à Lambessa. Il appartenait, comme lui, à cette classe de vignerons à laquelle Saône-et-Loire doit sa richesse agricole.

PROTHEAU, PHILIBERT, négociant.

PERIAUX, CLAUDE, cabaretier.

PANCHARD, JEAN, journalier.

PRUDENT, PIERRE, officier de santé.

Il y a eu un autre proscrit de ce nom, appartenant à la même famille.

PICHON, AUGUSTIN, pharmacien.

PETIT-JEAN, ÉMILAND, cultivateur.

RUAZ, ABEL, professeur.

ROTH, CHARLES, restaurateur.

ROYER, GUILLAUME, voyageur de commerce.

ROBERJOT, FERDINAND, cordonnier.

Un jeune homme, portant le même nom, Casimir Roberjot, a été jeté également en Algérie.

RAMBOURG, PIERRE, clerc de notaire.

ROUSSELOT, ÉTIENNE, marchand.

RIDAULT, menuisier.

ROYER, JACQUES, cafetier.

SAULET, PIERRE, menuisier.

SINAI, FRANÇOIS, négociant.

SAUVAGEOT, ANTOINE, charron.

TREVET, CLAUDE-FRANÇOIS.

TRICARD, GERVAIS, tonnelier.

TRESSAND. JEAN, cultivateur.

TREMEAU, CLAUDE-HILAIRE, tonnelier.

TREFFIER, tonnelier.

THIERS, PIERRE, coutelier.

La famille de ce proscrit a perdu un autre de ses membres.

TURBEC, CLAUDE, tonnelier.

VASSY, CHARLES, tailleur.

VEZIN, BENOÎT, commis.

VEZIMIR, PIETRUS, clerc d'huissier.

VIOCHOT, LOUIS, ex-instituteur.

VADOT, ANDRÉ, boucher.

VAISSEAU, JEAN-BAPTISTE, ancien marchand de vins.

VOUILLON, PIERRE, potier.

VERJUX, JEAN, tailleur de pierres.

VIENNOT, géomètre.

VERCHÈRE, JACQUES, tonnelier.

VALENCE, VALENTIN, journalier.

VIOLET, JACQUES, tailleur de pierres.

CONDAMNÉS

Au bannissement à temps ou à vie.

BURTIN, CLAUDE, ex-percepteur.

COLIN, JACQUES, papetier.

FISDULA, DAVID, horloger.

GOIN, LAZARE, commis de banque.

GUICHARD, fils, avocat.

MAINJOLLET, CLAUDE, docteur en médecine.

MONTILLOT, fils, propriétaire.

PATÉ, HONORÉ, notaire.

PERRUSSON, JEAN-BAPTISTE, propriétaire, ancien avocat.

PEISSAN, ÉTIENNE, marchand de bois.

ROYER, CLAUDE, notaire.

XI.

VOSGES.

Membres de la Commission.

DEPERCY, préfet.

POUILLOUE DE Sᵗ-MARS, général de brigade.

BOMPART, procureur de la République.

Tous les coups qui ont frappé les républicains dans le département des Vosges sont dûs à un seul homme, le préfet Depercy.

La politique aujourd'hui, comme autrefois la guerre, nous montre partout des aventuriers, qui changent de drapeau suivant leur intérêt et servent également toutes les causes, pourvu qu'elles contentent leurs appétits. Tel est, tel a été le préfet des Vosges.

Jeune encore, il figure dans la *Société des Droits de l'Homme*. C'était alors un fougueux républicain. Il avait une correspondance suivie avec Garnier-Pagès et Godefroy Cavaignac et il travaillait de toutes ses forces à faire des soldats à la cause démocratique dans les départements de l'Est. L'insurrection de 1834, qui ébranla en même temps Lyon et Paris, lui fournit l'occasion de mourir pour la République. Il se contenta de faire quelques démonstrations, coiffé du bonnet phrygien, et courut se réfugier en Suisse. La cour de Paris le condamna à la détention perpétuelle.

Il connut à Turgovie un autre conspirateur, Louis Bonaparte, dont il rechercha l'amitié. C'était prendre l'avenir par tous les bouts à la fois ; mais comme l'avenir pouvait tarder, il jugea convenable de se réconcilier avec le présent. Le crédit du général Bachelet, son oncle, lui rouvrit les portes de la France. On le vit bientôt se faire le courtier des candidatures ministérielles.

La révolution de Février vint lui rappeler tout-à-coup les ardeurs républicaines de sa jeunesse. Il voulut invoquer le passé pour obtenir une place dans le nouveau gouvernement; mais il fut mal accueilli. Il eut plus de succès auprès du général Cavaignac, qui lui donna la préfecture des Vosges. Vint le moment de l'élection présidentielle. Notre préfet combattit vivement Louis Bonaparte.

« J'ai habité la Suisse, disait-il, j'ai connu beaucoup Louis Bonaparte. C'est un homme nul, sans moyens; en le nommant, nous serions la risée de l'Europe. Sauvons le principe républicain, que tuerait un prétendant. »

Louis Bonaparte est nommé et le préfet des Vosges se hâte de publier une proclamation dans laquelle il exalte le neveu de l'Empereur, dont le nom, dit-il, rappelle à la France et à l'Europe de si grands souvenirs. Il se tourne en même temps contre le parti républicain qu'il poursuit de toutes les manières. C'est ainsi qu'il a conquis la faveur du bonapartisme.

Un magistrat subalterne d'Epinal, le juge de paix, Honoré, a secondé le zèle du préfet Depercy, en signalant à ses rigueurs les citoyens qu'il fallait sacrifier.

CONDAMNÉS

A la déportation à Cayenne.

ISLET , sellier.

MATHIEU , avocat.

SELME-DAVENAY , homme de lettres , ancien rédacteur du *Peuple vosgien*.

CONDAMNÉS

A la déportation en Algérie,

CHAVALIER , avocat.

CROUVISIER , mécanicien.

DUBOIS , brasseur.

GAILLARD , propriétaire.

VADET , fabricant de papiers peints.

La condamnation de Vadet n'a pas été inspirée précisément par la passion politique. Il n'y faut voir qu'une vengeance personnelle du préfet, qui lui reprochait quelques articles publiés par le *Patriote de la Meurthe et des Vosges*. Que contenaient ces articles? Ils rappelaient le rôle qu'avait joué Depercy dans le procès d'avril et dans les événements qui l'avaient précédé.

CONDAMNÉS

Au bannissement à temps ou à vie.

BUFFET , négociant.

EVAN , maire d'Epinal , professeur d'agriculture à la ferme-modèle de Dombasle.

FOREL , CARLOS , Représentant du Peuple.

Il avait été oublié par Louis Bonaparte et ses ministres. La commission des Vosges l'a trouvé de bonne prise. Elle a frappé en même temps son frère , qui est l'un de nos premiers filateurs et dont la fabrique occupe environ cinq cents ouvriers.

HUSSON , négociant.

KROUBERT , ex-directeur de l'école normale.

MARCOT , ébéniste.

MATHIS , propriétaire , ex-maire.

MARION , cultivateur.

PETITOT , ancien maître de pension.

POIRSON , tailleur.

THÉRIN , architecte.

CONDAMNÉS

A l'internement.

BILLET , régociant.

CONCHE , commerçant.

MASSON-PLUMERET , négociant.

JOLIBOIS , fabricant de tuiles.

Plus de soixante ouvriers travaillent dans les deux tuileries que possède Jolibois dans les Vosges et la Moselle.

MUNICH , ancien notaire.

TOUSSAINT , cultivateur.

VIENNET , teneur de livres.

VOIRIN , propriétaire.

LIVRE X.

La proscription dans les départements de l'Ouest.

I.

L'Ouest, cet ancien théâtre de nos discordes, a été moins frappé que l'Est, mais beaucoup plus que le Nord.

Deux départements, la Sarthe et les Deux-Sèvres, ont fourni un assez grand nombre de victimes. La proscription ne pouvait viser plus juste. La démocratie avait là deux foyers, qui rayonnaient sur toute cette partie de la France. Des journaux, heureusement rédigés, y parlaient au peuple le langage, à la fois simple et pittoresque, des masses et l'initiaient de plus en plus à la vie politique.

Maine-et-Loire, la Mayenne et le Morbihan ont payé aussi leur tribut au despotisme bonapartiste; mais le coup a été moins rude.

Il en a été de même pour le Calvados, qui n'a été qu'effleuré par la proscription.

Une influence puissante, celle des légitimistes, paraît avoir inspiré toutes les mesures de rigueur, qui ont atteint les démocrates de l'Ouest. Voilà pourquoi les campagnes n'ont pas été frappées comme sur d'autres points du territoire. Les Blancs se croient encore les maîtres des paysans dans la patrie des Stofflet, des Lescure et des Cathelineau. « Mes paysans de la Vendée, » disait un jour naïvement à la tribune Larochejacquelein.

Ce n'était pas de ce côté que les royalistes devaient pousser les agents de Louis Bonaparte. Ils ont trouvé plus habile et plus politique de les tourner contre la démocratie des villes et ses principaux représentants.

Quel était leur intérêt ? Et quel devait être leur calcul ? Décapiter la République pour n'avoir plus en face d'eux que le bonapartisme, chancelant, comme un soudard, au milieu de ses hontes et de ses crimes.

II.

CALVADOS.

Membres de la Commission.

LEROY, PIERRE, préfet.

CHATERIE-LAFOSSE, général de brigade.

MABIRE, avocat-général.

Le préfet du Calvados est le frère du préfet de la Seine-

Inférieure. Ce sont deux orléanistes ; mais ils passent volontiers dans le bagage de tous les gouvernements. La patrie n'existe pour eux que dans le budget.

Pierre Leroy n'est pas naturellement porté à la violence. Mais ses instincts royalistes l'armaient contre la République. Il sentait aussi le besoin de voiler un peu son origine aux yeux de Louis Bonaparte. Il a donné à la tyrannie tout ce qu'il fallait pour avoir une place sous son drapeau.

Ses collègues, Chaterie et Mabire, ont suivi son exemple.

Le premier avait été député sous la monarchie et on l'a vu figurer plus d'une fois à la cour de Louis-Philippe. Le second devait son siége au gouvernement provisoire. Deux rénégats de plus au service du bonapartisme et de ses fureurs !

Il faut reconnaître cependant que les prévôts du Calvados ne se sont pas montrés violents, comme tant d'autres. On peut croire qu'ils ont été contenus par la population de Caen, qui, le lendemain du coup d'État, répondait par une protestation énergique à la dictature bonapartiste.

C'est pour le même motif qu'ils auront résisté aux conseils de quelques royalistes ardents, qui demandaient des victimes.

On a remarqué parmi ces furieux un ancien notaire, Colleville, un président de chambre, Roger de la Chouquaine et le professeur de droit, Bayeux, qui brisait solennellement à l'arrivée des Cosaques, le buste de l'Empereur, sorti du ciseau de Canova.

Le plus fougueux des trois a été le président Roger. Il n'a pas craint de se présenter à la préfecture avec les circulaires électorales de l'ancien comité démocratique du Calva_ dos, pour signaler à la proscription les noms des signataires.

Rien de mieux, disait-il, que d'abattre les arbres de la liberté et d'écarter tous les symboles républicains. Mais pour effacer dans le département les traces de la révolution, il fallait surtout frapper les hommes qui lui avaient servi d'organes. Ce magistrat, ivre de colère, s'était déjà signalé, à la rentrée des Bourbons, par son exaltation monarchique.

CONDAMNÉ

A la déportation en Algérie.

CHEVALIER , BERNARD, journaliste.

CONDAMNÉS

Au bannissement à temps ou à vie.

JOSSE , voyageur de commerce.

MÉZAISE , propriétaire.

Ces deux proscrits, à l'époque des élections pour le corps législatif, avaient écrit une circulaire dans laquelle ils annonçaient que le parti démocratique avait résolu de s'abstenir. Le préfet les fait arrêter et les livre à la justice. Il s'agissait de découvrir un complot pour annoncer une fois de plus que la société venait d'échapper à une horrible catastrophe. L'imagination des procureurs du Calvados et de leurs substituts s'est vainement agitée dans le vide. Le complot n'a paru nulle part. Il a fallu renvoyer les deux prévenus. Mais le préfet les attendait à la porte avec les deux autres prévôts de la commission départementale. Josse et Mézaise étaient doublement coupables : ils étaient républicains et la justice ordinaire de Louis Bonaparte n'avait pu les prendre dans aucun de ses piéges.

III.

MAINE-ET-LOIRE.

Membres de la Commission.

VALLON, préfet.

D'AUGEL DE KLEINFELD, général de brigade.

VALLETON, procureur général.

La monarchie avait fait de Vallon un sous-préfet. Louis Bonaparte, qui a recruté tant de complices dans les corruptions du dernier règne, lui devait une préfecture. Vallon n'a pas cependant l'audace et l'énergie qui conviennent aux partisans d'un aventurier. C'est un esprit faible et irrésolu.

Il paraissait disposé à quitter la préfecture et à l'abandonner sans bruit aux adversaires du coup d'État, si la résistance de Paris s'était prolongée. L'Élysée a eu le secret de cette faiblesse et il allait le frapper, quand le préfet s'est jeté dans la violence. Il poursuivait les républicains ; il dressait des listes de proscrits : la dictature n'avait plus rien à lui dire. Tous les coups, qu'il portait, le rendaient digne de son maître.

19

D'Augel de Kleinfeld est un de ces généraux dont la gloire modeste ne franchit pas le seuil d'une caserne. On le compare pour l'intelligence au général Tartas. Il a commandé le 72ᵐᵉ de ligne et il a laissé dans ses rangs la réputation d'une rare incapacité.

Valleton était, il y a quelques mois, conseiller à la Cour de Riom. L'influence d'un des principaux complices de Louis Bonaparte l'a mis à la tête du parquet d'Angers. C'est un satellite de cette opaque planète, qui, sous le nom de Rouher, tourne depuis quatre ans, autour du soleil blâfard de l'Élysée.

On dit que Valleton croit à l'esprit et à la vertu de son protecteur.

CONDAMNÉS

A la déportation en Algérie.

CHATELAIS , serrurier.

JACQUES , cordonnier.

LEJEUNE , couvreur.

MILLET , lieutenant en demi-solde.

CONDAMNÉS

Au bannissement à temps ou à vie.

AUBRY , employé des postes.

BRU, rédacteur du *Petit Bonhomme Manceau*.

COURTEMANCHE , propriétaire.

MICHEL, CHAMPY, ouvrier.

CONDAMNÉS

A l'internement.

BARBIN, horloger.

CHAIGNEAU, ancien percepteur.

LELONG, entrepreneur.

LETORT, commis négociant.

MARTIN, tailleur.

MAIGE, imprimeur et rédacteur en chef du *Précurseur*.

L'imprimerie de Maige a été occupée dans les premiers jours de Décembre par la force militaire et transformée en caserne. Quatre journaux indépendants y avaient trouvé un asile; c'étaient *le Tribun, le Précurseur de l'Ouest, le Petit Bonhomme Manceau* et *le Républicain breton*. Ils ont été frappés à la fois. Les caractères, qui servaient à les composer, sont devenus le jouet des soldats, qui ont trouvé plaisant de les fondre et d'en faire des figures de plomb. Pour achever de ruiner le courageux et patriotique imprimeur, les agents de Louis Bonaparte l'ont interné à Nancy. Quelques imprimeurs royalistes se sont partagé ses dépouilles.

RIDARD, docteur en médecine.

RIVIÈRE, rédacteur en chef du *Tribun*.

VALLET, huissier.

Les proscripteurs de Maine-et-Loire ont complété leur œuvre en livrant aux rigueurs de la police correctionnelle, les citoyens dont les noms suivent :

AUBIN , filassier.

GILET , manœuvre.

GUÉRIN , filassier.

HERVÉ , cordonnier.

RAVEAU , tailleur.

SALMON , marchand colporteur.

VINCENT , ouvrier.

IV.

MAYENNE.

Membres de la Commission.

DE LUÇAY, préfet.
LAMARQUE, chef de bataillon.
GROSBOIS, procureur de la République.

Napoléon de Luçay est un filleul de l'Empereur. Il a cru remplir, en proscrivant, un devoir de famille. Ce devoir s'accordait, du reste, avec son caractère, remarquable surtout par sa violence.

Mal secondé par le chef de bataillon du 15ᵐᵉ de ligne, Lamarque, il a trouvé plus de concours dans le procureur de la République, Grosbois, l'un de ces artisans de réquisitoires, dont la parole a toute l'aménité d'un sabre.

Un avocat de l'Orne interrogeait ce magistrat sur le sort d'un de ses parents, qui se trouvait encore dans les prisons de Laval.

« Il n'est que banni, répondit-il, mais je me consolerais facilement, s'il était déporté. »

Cet homme, qu'il aurait voulu jeter à Lambessa ou à Cayenne, était l'ancien maire d'une des principales villes du département, un citoyen recommandable, qui avait rempli avec honneur des fonctions publiques.

Le maire de Mayenne, Noël de la Tousche et le commissaire de police de la même ville, Renaud, ont poussé par leurs rapports aux mesures de rigueur. Il ne leur a manqué qu'un meilleur théâtre, pour faire un grand nombre de victimes.

CONDAMNÉS

A la déportation en Algérie.

BROCHARD, commis-négociant.

GOUPY, LÉON, horloger.

Goupy et Brochard, en quittant la prison de Laval, ont été dirigés sur Brest, avec quatre forçats dont ils partageaient la chaîne.

CONDAMNÉS

Au bannissement à temps ou à vie.

BEAUCHÈNE, GODARD, ancien maire, ancien sous-préfet.

BOUCREL, AUGUSTE, aubergiste.

Boucrel a été condamné à l'exil, parce que des réunions électorales avaient eu lieu dans sa maison et qu'il avait manifesté plus d'une fois des sympathies pour la cause républicaine.

CONDAMNÉS

A l'internement.

ANGERS, ÉMILE, mégissier.

BACHELOT, tailleur.

LELONG, entrepreneur.

PILARD, menuisier.

PILORGE, tailleur.

On doit compter parmi les victimes du bonapartisme dans la Mayenne, le malheureux Angot. Il était percepteur au 2 Décembre. Comme fonctionnaire, il est mandé à la préfecture et invité à signer une formule d'adhésion au gouvernement de l'usurpateur. Il répond à cette demande par un généreux refus. Quelques jours après, il est destitué et renfermé dans les prisons de Laval. Ce double coup l'enlève à lui-même. Accablé par tant de rigueurs, il se réfugie tristement dans le suicide. Son corps est réclamé par sa famille, qui se propose de le faire inhumer dans sa commune. Le préfet ne consent à le lui remettre qu'en le faisant escorter par une vingtaine de gendarmes, comme s'il s'agissait de le transférer d'une prison dans une autre. Suspect encore après sa vie et garotté pour ainsi dire jusque dans la mort, l'infortuné n'échappe à la police qu'au fond de la tombe.

V.

SARTHE.

Membres de la Commission.

MIGNERET, préfet.
DURINGER, colonel.
DUBOIS, procureur de la République.

Impudemment factieux, au sein du pouvoir, comme tant d'autres fonctionnaires, Migneret s'était mis d'avance au service du coup d'État. Complice de la pensée du maître, il avait brisé les gardes nationales et désarmé partout la loi dans la main du peuple. Le crime du président de la République l'a trouvé prêt à toutes les violences.

Secondé par un conciliabule de royalistes délibérant dans l'ombre, il s'est hâté de frapper les républicains. Dès les premiers jours de décembre , il donnait l'ordre d'arrêter les citoyens les plus recommandables par leur probité , leur intelligence et leur dévouement à la cause démocratique. Les prisons du Mans , de la Flèche, de S¹-Calais et de Mamers étaient encombrées de suspects.

La commune de la Suze s'était jetée généreusement dans la résistance. Le préfet menace de l'accabler du poids de sa colère. Il publie, à ce sujet, la proclamation suivante :

« Habitants de la Sarthe ,

» Au moment où l'insurrection était anéantie à Paris , des hommes aussi insensés que coupables ont imaginé d'en arborer le drapeau dans la commune de la Suze.

» Porter cet acte à votre connaissance , c'est déjà commencer le châtiment qui les attend.

» En insurrection contre la loi , ils ne doivent trouver sur le territoire de la Sarthe que des citoyens pour les combattre et des magistrats pour les punir. Toute communication est interdite avec eux. Leur fournir assistance , leur obéir, même par crainte, sera considéré comme une complicité.

» J'espère que ces criminels sentiront eux-mêmes la nécessité de se livrer à la justice. Mais si par malheur une résistance se manifestait, je déclare que tout homme pris sur une barricade ou les armes à la main , sera immédiatement traité suivant les lois de la guerre. Ainsi l'a ordonné le gouvernement ; ainsi l'exécutera le préfet de la Sarthe. »

Le colonel Duringer, sans déployer en apparence le même zèle, a pourtant figuré à sa façon à côté de Migneret. C'est un de ces soldats, qui échangent volontiers leur conscience contre un livret militaire et qui appartiennent à la caserne avant d'appartenir à la patrie et à l'humanité.

De fougueux réquisitoires contre la presse républicaine avaient signalé le procureur Dubois aux faveurs du bonapartisme avant le 2 Décembre. Il poursuivit d'abord à outrance le *Courrier de la Sarthe*, cet intrépide joûteur de la cause démocratique. Fier de l'avoir tué, il dirigea ses coups contre le *Bonhomme Manceau*, l'une de ces feuilles populaires, qui familiarisaient chaque jour les paysans de l'Ouest avec le drapeau des réformes sociales.

Après avoir fait la guerre aux idées, il devait trouver naturel de la faire aux hommes. Le jury lui avait donné tort plus d'une fois dans ses luttes ardentes contre les doctrines républicaines. Il a trouvé le moyen d'avoir raison, au milieu de ces débauches de la force, qui ont suivi le coup d'État.

On dit cependant qu'il ne s'est pas toujours montré impitoyable et que son cœur s'est ouvert, au moins une fois, à des sentiments plus humains.

La fiancée d'un détenu, nommé Butté, se présente un jour dans son cabinet et lui demande l'autorisation de voir celui qui doit être son époux. C'était une jeune et belle fille.

« Butté est bien compromis, dit gravement le magistrat, après avoir jeté un regard complaisant sur les charmes de la solliciteuse.

—Juste ciel! s'écrie la jeune fille en soupirant; on va peut-être me l'enlever?

— Oui, répond le procureur; il est bien compromis, mais vous pouvez le sauver.

— Moi ! est-il possible ? et comment !

— Rien de plus simple.

— Dites , monsieur , que dois-je faire ? »

Le magistrat hésitait à indiquer la rançon du prisonnier ; mais ce scrupule ne tient pas longtemps contre sa
passion et le séducteur se révèle bientôt par quelques mots
honteux, qui expirent à moitié sur ses lèvres. La jeune fille
indignée se dérobe en fuyant à cette odieuse proposition.
Elle reparaissait le lendemain devant le Faublas judiciaire ,
mais avec la mère de son fiancé, et elle obtenait, gratuite-
ment cette fois , de franchir le seuil de la prison.

Un homme servait avec ardeur le préfet Migneret et ses
deux collègues dans leurs poursuites contre les républicains ; c'est le secrétaire-général de la Préfecture , Mous-
seron, l'un de ces fonctionnaires avilis , que la monarchie de
Louis-Philippe avait légués à la République et que la République, dans son aveugle générosité , a couverts follement
de sa clémence.

Du reste une même pensée animait les trois membres de
ce tribunal de colère.

« Ce ne sont pas les actes que nous considérons , disaient-
ils avec cynisme ; nous frappons les opinions et les antécé-
dents politiques. »

CONDAMNÉS

A la déportation en Algérie.

CHARDON , propriétaire.

La mort l'a dérobé aux rigueurs de la déportation. Il était

déjà malade , quand il a quitté les prisons du Mans. Il a
succombé au fort d'Yvry.

CUTIVEL , directeur de la fabrique de la Suze.

L'éloignement de Cutivel a eu pour résultat la chûte d'un
établissement considérable. Plus de chef, plus d'industrie.
C'est la vie qui se retire de tout un canton ; c'est le pain qui
échappe à plus de trois cents ouvriers , ainsi qu'à leurs
familles. Voilà comment les gouvernements despotiques
protègent le travail. Ils sont condamnés à tout sacrifier ,
même la vie , à la paix morne et sombre qu'ils poursuivent
à travers les ruines. Ce n'est pas toujours pour cueillir
le fruit, que le despotisme abat l'arbre , comme disait
Montesquieu. C'est assez, pour qu'il l'abatte , que l'arbre
lui déplaise.

DESILLE , rené , sellier.

GARREAU , louis , tanneur.

GRANGER , conseiller-général , ex-commissaire de
    la République.

HAMMONET , clerc de notaire.

HEURTEBISE , clerc de notaire.

LILÉ , victor , tanneur.

MAIGRET , jacques , cordonnier.

PINEAU , louis , mécanicien.

PIERRE , célin , ex-greffier de la justice-de-paix.

Le gouvernement l'avait destitué deux ans auparavant, parce qu'il avait présidé un banquet démocratique.

ROCHER, constant, tanneur.

ROUILLET, pierre, tanneur.

Rouillet et Rocher travaillaient à la fabrique de la Suze. Ils avaient été arrêtés avec deux de leurs camarades, Garreau et Lulé, dans les premiers jours de décembre; mais on les avait bientôt relâchés. Ce sont des jeunes gens au dessous de vingt ans : deux d'entr'eux n'ont pas atteint leur dix-huitième année. Ils étaient à peine libres que le chant de quelques couplets à demi-politiques les ramenait en prison. Chanter à cet âge et dans ce moment! quel crime! et quelle insulte au pouvoir de Louis-Bonaparte! « L'autorité informée de cette odieuse ingratitude, dit gravement un journal bonapartiste, a donné immédiatement l'ordre de ramener à la maison d'arrêt les libérés qui ont si honorablement répondu à un verdict d'amnistie. Le châtiment qu'ils méritent leur sera infligé avec une sévérité exemplaire. » Ces grands criminels avaient été signalés à la police par un propriétaire de la Suze, Xavier Voisin, qui après avoir offert, dès le début, de la poudre et de l'argent aux adversaires du coup d'État, avait jugé à propos de changer de bannière et de passer dans le camp du dictateur. Ils partaient quelques jours après pour Lambessa. Leurs chants ne troubleront plus les oreilles des bonapartistes : l'Afrique dévorera, s'il le faut, leur gaîté et leur jeunesse.

TROUVÉ-CHAUVEL, banquier, ancien représentant, ancien préfet de police, ancien ministre des finances.

Poursuivi comme un malfaiteur par les agents de Louis Bonaparte, Trouvé-Chauvel est parvenu à s'échapper sur une barque de pêcheur, qui l'a transporté à Jersey, avec un autre proscrit,

VEILLARD-LEBRETON, limonadier.

Une fuite heureuse avait dérobé Veillard-Lebreton aux rigueurs de Lambessa ; mais obligé de vivre à l'étranger, il se voyait condamné à la misère avec sa famille. Marie Bougeant, qui avait élevé sa femme et qui était attachée à son service depuis un grand nombre d'années, a pris la résolution de partager son exil. Elle l'a suivi à Jersey et lui a remis une somme d'environ trois mille francs, fruit précieux de ses épargnes, pour l'aider à reprendre son industrie. Que la République au jour de son triomphe n'oublie point cette femme généreuse !

CONDAMNÉS

Au bannissement à temps ou à vie.

BEAUVAIS, EUGÈNE, marchand.

BEUNARDEAU, meunier.

CORNILLEAU, menuisier.

FAMEAU, avoué.

GÉRARD, propriétaire, conseiller-général.

GUYON, JACQUES, prêtre.

HERVÉ, propriétaire.

LAIR, ancien notaire, négociant.

LESIOUR, négociant.

LOUCHET, juge au tribunal de commerce, commandant de la garde nationale, rédacteur du *Bonhomme Manceau*.

MILLIET, homme de lettres, rédacteur de la même feuille.

NEVEU, FRANÇOIS, rentier.

PICHOT, propriétaire.

POTZLEBB, mécanicien.

PRUDHOMME DE LA BOUSSINIÈRE, rentier.

SAVARE, cultivateur, ancien maire.

Vers le milieu de juin, la police de Louis Bonaparte chassait brusquement de France cinq autres citoyens de la Sarthe. Ces proscrits n'avaient jamais été l'objet d'aucune poursuite. Qui les a frappés ? Le ministère de la police poursuit dans l'ombre l'œuvre funeste des commissions départementales. C'est la proscription, qui renaît sans cesse d'elle-même et devient une institution sociale.

CONDAMNÉS

A l'internement.

AVICE, ALEXIS, propriétaire.

BARBIER , docteur-médecin.

BELLANGER , LOUIS , propriétaire.

BEAUMIER , JACQUES , entrepreneur de bâtiments.

BLANCHE , RÉNÉ , propriétaire.

BLOISIER , THÉODORE , vétérinaire.

BOUGUEREAU , FRANÇOIS , dentiste.

BOUTELOUP, FRANÇOIS, gérant du *Bonhomme Manceau*.

BUTTÉ , JOSEPH , tisserand.

BOURG , PHILIPPE , tisserand.

BRETEAU , JACQUES , propriétaire.

BURAT , EDME , docteur-médecin.

BOULARD , fils , propriétaire.

CAZEAU , propriétaire.

CLÉMENT , FÉLIX , tanneur.

COME , fils , négociant.

COULPOTIN, LOUIS, marchand de vins en gros.

CLOTTÉ, pharmacien , maire , conseiller-général.

CORBIN , LOUIS , propriétaire.

La commune de Ceton , dans le département de l'Orne , avait été assignée à Corbin. Il n'y est pas plus tôt arrivé que le maire, nommé Cheruel, lui conteste le droit d'y résider. Corbin se couvre de la sentence même, qui l'a frappé et lui a donné cette commune pour prison. Le maire n'en persiste pas moins à le repousser, comme une sorte de lépreux politique. Ce petit proconsul municipal mérite d'occuper une place dans les annales du bonapartisme. Il entre un jour dans un cabaret pour faire cesser des chants républicains. On lui oppose quelque résistance. Il dégaîne une épée qu'il portait dans sa canne et en perce d'un des chanteurs. La justice n'a pas manqué d'intervenir et de constater que le blessé avait troublé l'ordre par des chants séditieux. Quand le patient sera guéri, la police correctionnelle achèvera de venger le gouvernement de Louis Bonaparte.

CORMIER, PIERRE, menuisier.

DAUNAY, tisserand.

DEROUET, JEAN, entrepreneur de bâtiments.

DOUET, VICTOR, propriétaire, chef de bataillon de la garde nationale.

DESILE, RÉNÉ, sellier.

DUHAND, STANISLAS, tailleur.

DROUET, FRANÇOIS, ancien greffier.

FOULARD, ancien notaire, conseiller-général.

FRETRAY, CONSTANT, ancien notaire.

GRIVAULT, MICHEL, perruquier.

GARY, JOSEPH, cordonnier.

GRANGET, VINCENT, tailleur de pierres

GASSELIN, LOUIS, marchand de vins en gros.

GUYON , docteur en médecine.

GAUTIER , françois , négociant.

GRÉPÉON , antoine , propriétaire.

HAUPT , georges , propriétaire.

HÉLIN , propriétaire.

La commission de la Sarthe avait interné Hélin dans la ville de Rennes. Il veut se rendre , un jour , à Laval. Le préfet d'Ille-et-Vilaine le fait arrêter et l'expulse en Angleterre.

JAMISZEWSKI , napoléon , médecin.

JOUSSE, victor , propriétaire.

JOUFFEREAU , négociant .

JARY , tisserand.

JOUANNEAU , joseph , cordonnier.

JOUSSE-MARTINIÈRE , pharmacien.

JOUAN , jacques , marchand.

LEMONNIER , henri , médecin, conseiller d'arrondissement.

LEPROUST , docteur en médecine.

LEGEAY , victor , propriétaire.

LECORNUÉ , hyppolite , ancien juge-de-paix.

LESPINASSE, antoine , ancien huissier.

LEVILLAIN , marchand.

LEBALLEUR , nicolas , charpentier.

20

Le fils de Leballeur a été soumis, comme son père, à l'internement et relegué dans une ville de l'Ouest.

LEFEBVRE , FRANÇOIS , propriétaire.

LENOBLE , propriétaire et maire.

LUNEL , JACQUES , propriétaire.

MACÉ , AUGUSTE , propriétaire.

MAILLET , RÉNÉ-FRANÇOIS.

MICHEL , LOUIS , tailleur d'habits.

MANNAES , fils , cloutier.

MACÉ , entrepreneur de construction.

MOUSSET , NICOLAS , propriétaire.

PHILIPPE , PIERRE , propriétaire.

PRÉGENT , LOUIS , notaire honoraire.

RIONS , propriétaire.

ROYER , PROSPER , peintre en bâtiments.

SAVARDAN , AUGUSTE , docteur en médecine.

SIDOINE , EUGÈNE , marchand chapelier.

SILLY , CLÉMENT , rédacteur du *Bonhomme Manceau*.

SIMON , JULES , commissaire de roulage.

TACHEREAU , propriétaire, maire.

VÈTEDOUX , JACQUES , instituteur.

TRAVERS , LOUIS , instituteur.

TROUVÉ-FRESLON , négociant.

C'est le frère de Trouvé-Chauvel, l'ancien ministre des finances, condamné, comme on l'a vu, à la déportation.

TROIANWSKI, xavier, marchand de vins en gros.

THIBAUT, francisque, propriétaire.

WILE, jules, contre-maître.

La Sarthe a vu plusieurs de ses officiers ministériels frappés dans leurs charges. Peu de départements ont fourni, sous ce point de vue, autant de victimes. C'étaient les fils et les héritiers de cette bourgeoisie révolutionnaire, qui, vers la fin du dernier siècle, avait opposé bravement au royalisme vendéen le drapeau de la République.

Ont été révoqués, suspendus ou forcés de vendre leurs offices :

AUCERNE, notaire.

DESGRANGES, notaire.

DUPLAIN, huissier.

FANNEAU, avoué au Mans.

LACROIX, commissaire-priseur.

LEBOUL, notaire.

LORGUEILLEUX, huissier.

ROUSSEL, notaire.

Le bonapartisme ne se contente pas de proscrire. Il dépouille et ruine ceux qu'il frappe. Il y a là du tyran ; mais il y a aussi du voleur. Le prince de Machiavel empoisonne et assassine ses adversaires. Il ne les vole pas.

VI.

DEUX-SÈVRES.

Membres de la Commission.

DE Ste-CROIX, préfet.

LYON, colonel.

SAVARY, procureur de la République.

Ste-Croix a fait ses études administratives dans une caserne. C'est un ancien capitaine de cavalerie. Légitimiste au fond, mais prêt à servir toutes les fureurs du bonapartisme, il a trouvé un double plaisir à frapper les républicains des Deux-Sèvres.

Les familles des détenus se plaignaient du dénuement auquel ils étaient réduits dans le donjon de Niort. Quelques-uns avaient tout au plus ce qui leur était nécessaire.

« Ils partageront, disait-il en ricanant, c'est leur système ; ils prêchaient l'égalité ; qu'ils en jouissent à leur aise. »

C'était aux mères, aux femmes et aux sœurs des prisonniers qu'il osait adresser ce langage. Et cependant plusieurs d'entr'eux étaient comme enfouis dans un cachot, à une profondeur de dix mètres au-dessous du sol. Cette prison d'un autre temps n'était plus jugée digne depuis longues années de recevoir les criminels promis à l'échafaud. On peut rajeunir avec succès la barbarie. Le préfet des Deux-Sèvres ne l'a que trop prouvé.

Le colonel Lyon figurait dignement à côté d'un pareil administrateur; il plaisantait moins, voilà toute la différence. Il aurait proposé volontiers que l'exécution se fît avec toute la rapidité d'une évolution militaire et comme un simple changement de front.

« Pourquoi perdre le temps à siéger, disait-il un jour à ses collègues ? N'avons-nous pas un décret? N'avons-nous pas Cayenne? Il ne s'agit que d'y envoyer les prisonniers. »

Un ancien républicain, Prou, qui dirigeait le parquet de Niort au moment du coup d'État, n'a pas voulu s'associer à toutes ces violences, quoiqu'il n'eut rien refusé jusqu'alors au bonapartisme et qu'il se fut surtout signalé par ses poursuites contre la presse républicaine. Il a été remplacé par le procureur Savary, qui s'est montré moins difficile.

Le conseiller de préfecture, Jules Bernard, parait avoir eu la plus grande part dans ces abus criminels du pouvoir. Il poussait aux mesures les plus rigoureuses et se chargeait même de désigner les victimes.

« Si Jules Bernard était écouté, disait-on à Niort, la moitié de la ville serait en prison. »

Quelques légitimistes influents se sont mélés, dit-on, à ces violences. On cite parmi eux La Guepière et Chabot. Le préfet royaliste, comme eux, s'est fait leur instrument.

CONDAMNÉS

A la déportation en Algérie.

AMY, avocat, gérant de *l'Œil du Peuple*.

ALAIN , propriétaire.

BECQUET , capitaine d'infanterie.

Le capitaine Becquet avait été mis en retrait d'emploi avant le 2 Décembre : son républicanisme l'avait rendu justement suspect à la faction bonapartiste.

DURAND , cultivateur.

Durand est l'auteur de ce chant des vignerons, qui a circulé avec tant de succès dans la plupart des départements du Midi, comme le cri des espérances du peuple pour les élections qui devaient suivre l'Assemblée législative. Il avait été poursuivi devant la cour d'assises pour ces couplets populaires. Mais le jury de Niort l'avait acquitté. Cette popularité, protégée et consacrée en quelque sorte par le verdict de la justice, lui a valu la proscription.

FAYARD , pharmacien, capitaine de la garde nationale.

FAYET, bottier, commandant de la garde nationale.

GILBERT , menuisier.

GAY , cordonnier.

GORRIN, EUGÈNE, chirurgien de marine.

HAYE, ARSÈNE, cordonnier.

MIGNOT , cordonnier.

SAVARIANT , propriétaire.

CONDAMNÉS

Au bannissement à temps ou à vie.

ALLARD , propriétaire.

AUDONIN , propriétaire.

BOISSON , CHARLES, négociant.

CHAUMIER, négociant et juge suppléant au tribunal de commerce.

CLERC , limonadier.

COCQ , limonadier.

GAREAU , filassier.

GINESTET , médecin et rédacteur en chef de l'*OEil du Peuple.*

Le coup d'État a trouvé Ginestet en prison : il y expiait depuis un mois l'un de ces délits de presse dont les journaux républicains étaient toujours coupables aux yeux des magistrats de Louis Bonaparte. Il n'en a pas moins été jugé digne de l'exil.

GRANDEAU , propriétaire, adjoint au maire.

JUNIART , avocat, le défenseur habituel de l'*OEil du Peuple.*

LECLAIRE , médecin , commandant de la garde nationale.

MAICHAIN , JOSEPH , propriétaire.

MARTIN , ex-avoué.

PLISSON , EUGÈNE , propriétaire.

ROUHIER , docteur en médecine.

RIBEREAU , chamoiseur.

SAUZEAU , ALIX , ancien avoué , ancien rédacteur du *Paysan des Deux-Sèvres*.

SAILLANT , employé des ponts et chaussées.

TAFERY , rédacteur de l'*OEil du Peuple*.

CONDAMNÉS

A l'internement.

BILLIÉ, cordonnier.

BOUFFARD , cultivateur et maire.

BOURSON , propriétaire.

C'est un vieillard de soixante-douze ans , étranger à tout mouvement politique et vivant à l'écart dans le culte modeste et désintéressé des lettres. Ses deux fils ont été internés comme lui ; mais la proscription a eu le soin de les séparer par respect sans doute pour la famille.

BOISSON , cordonnier.

CÉRISE , cafetier.

CLERC-LASALLE , vice-président du tribunal de Niort.

On a reproché à ce magistrat d'avoir voté ostensiblement

contre Bonaparte le 20 Décembre. Il était coupable d'un autre crime aux yeux du dictateur et de ses amis. Fidèle à la Constitution, il avait déclaré généreusement que si l'on renvoyait devant son tribunal les Républicains emprisonnés dans le donjon de Niort, il les acquitterait tous.

GÉRARD, fabricant de soufflets.

HERBELOT, menuisier.

MORIN, cordonnier.

PARLOT, cordonnier.

QUILLET, directeur de l'école normale de Parthenay.

ROY, menuisier.

VII.

D'autres violences, d'autres crimes ont marqué dans l'Ouest, comme ailleurs, l'avènement funeste de cette dictature, qui a prétendu sauver la France, en la livrant à toutes les horreurs de la guerre.

Toutefois, quelles que soient les douleurs que nous ayons traversées jusqu'à présent, nous ne sommes encore qu'au début de cette odieuse tragédie. La proscription a mutilé, il est vrai, un grand nombre de familles ; elle a moissonné des milliers de victimes, pour les disperser au loin à travers l'Europe ou de l'autre côté des mers. Mais elle cache jusqu'ici sa face la plus hideuse. L'Euménide est encore modeste : elle se voile à demi : elle se montrera plus tard avec tous ses serpents et toutes ses colères.

Ce groupe de l'Ouest et les autres groupes qui le précèdent ont essuyé bien des blessures. Que de proscrits nous avons comptés dans quelques départements de l'Est, dans le rayon militaire de Paris et au sein de la capitale, sans parler de ceux qui ont échappé à nos regards ?

Mais ces déchirements n'étaient que le prélude, un prélude timide et honteux des persécutions, qui attendaient ailleurs la République. C'est en s'avançant vers le Centre et vers le Midi que la proscription, excitée par ses propres excès, déploie peu à peu toutes ses fureurs. Les coups sont plus violents et plus nombreux. Le cercle de la douleur se dilate et s'étend. La main des bourreaux devient infatigable. C'est l'enfer de la tyrannie, qui commence au milieu des cris et des gémissements de tout un peuple.

Per me si va nella città dolente (1).

---

(1) DANTE, *Infer.*

FIN DU PREMIER VOLUME.

TABLE DES MATIÈRES

DU

PREMIER VOLUME.